Cuba

120th anniversary
Berlitz

- El símbolo ☞ en el texto indica un lugar muy recomendado
- La información de utilidad en orden alfabético comienza en la página 104
- Mapas detallados en las solapas y a través del texto

Berlitz Publishing Company, Inc.
Princeton   Ciudad de México   Dublín   Eschborn   Singapur

Copyright © **1998** Berlitz Publishing Co., Inc.
400 Alexander Park, Princeton, NJ, 08540 USA
9-13 Grosvenor St., London, W1X 9FB UK

Derechos reservados. Se prohíbe reproducir o copiar cualquier parte de este libro, en cualquier forma o por cualquier medio, ya sea electrónico o mecánico, mediante fotocopias, grabación o cualquier otro sistema de almacenamiento o recuperación de información, sin la autorización por escrito de la casa editorial.

Berlitz es una Marca Registrada en la Oficina de
Patentes de los Estados Unidos y otros países.
Marca Registrada

Texto:	Fred Mawer
Editores:	Donna Dailey, Peter Duncan
Fotografía:	Fred Mawer
Diagramación:	Media Content Marketing, Inc.
Cartografía:	Falk-Verlag, Munich

Se agradece la ayuda en la preparación de esta guía a Cubana de Aviación, Interchange, Emily Hatchwell y Tim Donovan.

¿Encontró un error del que deberíamos enterarnos? Nuestro editor se alegrará de ser informado, para lo cual bastará una tarjeta postal. Pese a que hacemos todos los esfuerzos posibles para asegurar la precisión de toda la información de este libro, siempre se producen cambios.

ISBN 2-8315-7003-4
Primera impresión 1998

Impreso en Suiza
019/809

CONTENIDO

Cuba y los cubanos	7
Historia	**13**
Dónde ir	**26**

La Habana 26
Provincia de Pinar del Río 46
Provincia de Matanzas 52
Zona central de Cuba 58
Oriente 70

| **Qué hacer** | **83** |

De compras 83
Deportes 86
Espectáculos 88
Niños 94

Salir a comer	**95**
Índice	**100**
Información de utilidad	**104**
Hoteles y restaurantes	**129**

Folletos informativos

Principales sitios de
  interés de Cuba 10
Hitos históricos 25
Principales sitios de
  interés de
  La Habana 29

CUBA

CUBA Y LOS CUBANOS

Cuba es la isla más grande del Caribe, tiene una población de aproximadamente 11 millones y evoca imágenes idílicas. Aguas transparentes y de un azul celeste se abrazan con las arenas adornadas con palmas. Dentro de las edificaciones coloniales, reposan patios apacibles y verdosos pintados con colores llamativos. Diestros cantineros mezclan cocteles exóticos mientras campesinos curtidos por el sol fuman puros de siete pulgadas. Bandas de sensacional música tocan hasta tarde en la noche y bailadores con caderas incansables disfrutan los ritmos latinos.

Para muchos visitantes, Cuba es exactamente un lugar de placer y, además, barato. Siendo uno de los últimos bastiones del comunismo en el mundo, o dicho de otra forma, como el último lugar en el hemisferio occidental sin un McDonald's, hay mucho de qué hablar en esta complicada nación.

Cuba es un país altamente politizado. Dondequiera que vaya, gigantescos carteles (vallas) exhortan al pueblo a las más grandes cosas. Una consigna común en las concentraciones es el inequívoco lema *"socialismo o muerte"* y retratos del ché Guevara, el mártir marxista de la década del 60 y de Fidel Castro, presidente cubano aún después de casi 40 años, se pueden ver en las tiendas, oficinas y en los hogares.

La política penetra casi todos los aspectos de la vida. Los niños juran a la edad de seis años convertirse en Pioneros Comunistas. Las Navidades se abolieron. En todas las cuadras verá un cartel que dice CDR, Comité de Defensa de la Revolución, cuyo propósito es mantener el control de cualquier manifestación de descontento y asegurar que todos hagan su parte dentro de la comunidad.

La revolución que tuvo lugar en 1959 trajo, indudablemente, algunos logros sociales que son dignos de encomio en los países del Primer Mundo, mucho más en las naciones

Los que realizan cruceros de placer desembarcan para disfrutar del sol y la sombra de las idílicas playas de Cuba.

subdesarrolladas. La expectativa de vida promedio pasó de 57 años en 1958 a 75 años en 1992; el número de personas por médico descendió de 5,000 en 1958 a 400 en 1988; la tasa de alfabetización mejoró de 76 por ciento en 1958 a 95 por ciento en 1992. El crimen es envidiablemente bajo y es un placer contemplar las multitudes de escolares, todos vestidos con uniformes marrones o mostaza.

¿Y qué hay detrás? No hay libertad de palabra, ni de prensa, ni para viajar fuera del país y hay sólo un partido político. Todas las cosas siempre se controlan y se censuran en la prensa escrita de Cuba comunista, aunque ahora ya no está apoyada por una fuerte Unión Soviética y su pueblo está sufriendo verdaderamente. Pese a existir pocos indigentes declarados, todos están hambrientos. Sencillamente, las cuotas de alimentos no son suficientes. Las familias viven a menudo en espantosas condiciones de hacinamiento, tanto que las parejas que buscan privacidad arriendan habitaciones en posadas o moteles por horas. Los autobuses son viejos y la escasez de combustible hace que circulen muy pocos por las calles. Viajar y comprar alimentos requiere normalmente estar en una fila (*la cola*) por siglos: a los cubanos no les preocupa esperar un par de horas para tomar un helado o medio día por un autobús.

Los dólares de los turistas

En sus elegantes hoteles y en los autobuses con aire acondicionado, los turistas están al margen de tales penurias. Ya que Cuba necesita divisas desesperadamente, promueve fuertemente el turismo. Comparado con el menos de un cuarto de millón de visitantes en 1985, el número actual excede el millón, convirtiendo el turismo en la segunda fuente de ingresos del país después de la industria azucarera.

Con un salario mensual oficial pagado en moneda nacional y sólo pocos dólares para el importante mercado negro, los cubanos comprensiblemente tratan de beneficiarse en alguna forma de sus relativamente prósperos visitantes. Los intentos de visitar lugares interesantes, frecuentemente, se convierten en una pausa en el camino cuando los lugareños buscan

Un letrero (valla) en La Habana que llama a los ciudadanos a "defender la felicidad" indica tiempos difíciles.

Principales sitios de interés de Cuba
Lugares
La Habana. Capital de Cuba, vibrante, decrépita y misteriosa a la vez, pero siempre sensacionalmente bella. (Ver página 26)

Valle Viñales. Pintoresca región tabacalera. (Ver página 49)

Trinidad. La ciudad más fascinante de Cuba, con sus calles empedradas y sus espléndidas construcciones coloniales. (Ver página 61).

Santiago de Cuba. La segunda ciudad más grande, más relajada que La Habana y renombrada por su música. (Ver página 75).

Baracoa. Una ciudad exquisita, fue la primera villa que se fundó en Cuba. (Ver página 81).

Experiencias
Un cabaret de primera clase. Estas pintorescas extravagancias pueden no ser del interés de todos pero si una experiencia que vale la pena. (Ver página 89)

Una casa de la trova. Pequeñas bandas cubanas tocan música gratuitamente, a menudo en hermosos edificios coloniales. (Ver página 92).

Una fábrica de tabacos. Ver como se hacen los puros. (Ver páginas 39 y 48).

Un corte de pelo y una afeitada. Los barberos al estilo antiguo son muy numerosos. Las mujeres pueden arreglarse y pintarse sus uñas. (Ver página 39).

Visitar un hogar cubano. Para ver como es la vida de los cubanos, acepte una invitación entre las muchas que le harán. (Ver página 96).

Buceo. Fantásticos arrecifes de coral. (Ver página 86).

Complejos turísticos cubanos de primera clase
Varadero. El centro turístico más grande y más impresionante de Cuba. Hoteles de primera, una playa fabulosa y una vida nocturna aceptable aunque con poco encanto. (Ver página 53).

Playa Santa Lucía. Una playa magnífica con hoteles aislados. Excursiones a los cayos que están mar adentro. (Ver página 69)

Cayo Coco y Cayo Guillermo. En este momento solo hay un buen hotel en cada cayo. Grandes playas, viajes en avión. (Ver página 66)

Cayo Largo. Una isla turística con playas magníficas y paseos en bote a los cayos cercanos, poca vida doméstica. (Ver página 50)

Guardalavaca. Hoteles a lo largo de una magnífica playa. Encantadora y exuberante en sus alrededores. (Ver página 71).

atraer su atención.

Una minoría que consigue dinero mediante negocios oscuros con los turistas se conoce como *jineteros/ jineteras*, los cuales tratan de conseguir un paseo a cargo del visitante.

Un espíritu alegre

Una broma en La Habana es que una encuesta oficial de Naciones Unidas pregunta a los ciudadanos en todo el mundo qué opinan sobre la pobreza en sus países. Desde Japón a Argentina, la respuesta común fue "Nosotros no tenemos pobres aquí", en Cuba, la respuesta es, "Nosotros no tenemos opiniones aquí".

Numerosos cubanos desean contarle sus deseos de viajar afuera, los pesares de

Los vivaces niños cubanos normalmente parecen inmunes a las penurias del país.

su existencia diaria, lo que piensan de su gran líder, aún a pesar de los peligros de expresarse. Muchos desaprueban la discriminación del turismo y el hecho de que quienes pueden adquirir dólares pueden vivir bien: esto provoca división, argumentan, y es contradictorio a un estado socialista. Algunos atribuyen los problemas del país a la incompetencia económica, otros a Estados Unidos y su negativa a comerciar.

A pesar de los pesares, el espíritu cubano, increíblemente alegre, no se opaca. Los cubanos son muy hospitalarios y les gusta mucho andar en grupos y, de mediar la oportunidad, le invitarán a sus hogares. Son maravillosamente expresivos: muchos apretones de manos, abrazos y besos forman parte de cualquier encuentro.

Donde quiera que esté en Cuba, desde los restaurantes hasta los salones de embarque del aeropuerto, desde la plaza central hasta las sucias callejuelas, alguien está siempre tocando una tonada, o listo para bailar o conversando con otra persona. Los cubanos son espontáneos y, además, encomiablemente fértiles en recursos. Los niños se entretienen ellos mismos con patinetas y cometas improvisadas, mientras que los adultos reparan los motores de los autos arreglándoselas para mantener en las calles la inmensa flota de vehículos de la década del 50 del país.

Algunas partes de Cuba aún viven en una década diferente. Al aeropuerto de La Habana se le da el sobrenombre de "la máquina del tiempo": usted vuelve al pasado al momento de llegar, al verse recibido por escenas de bueyes que aran los campos y de caballos y carruajes que ocupan las calles. Luego, cuando parte, regresa al presente.

Los vehículos antiguos y los restaurantes con servicio al auto pueden dar al visitante una sensación de que ha vuelto al pasado.

HISTORIA

Cuando Cristóbal Colón desembarcó en el este de Cuba el 27 de octubre de 1492, le hizo a las autoridades turísticas cubanas un favor eterno al escribir que la tierra era "la más hermosa que ojos humanos hayan visto jamás". No se dio cuenta de que Cuba era una isla, creyó que había encontrado el imperio del Gran Khan en Asia.

Tribus indígenas tales como los siboneyes de América Central y de Sudamérica habían vivido en la isla desde al menos el año 1000 a.C., pero cuando Colón llegó, el grupo más importante era el taíno. Era un pueblo relativamente sofisticado y pacífico, que cultivaba la tierra, incluyendo siembras de tabaco, y vivía en bohíos o cabañas con techo de paja, muchas como las que se ven aún hoy en Cuba.

La conquista española de la isla demoró hasta 1511, cuando Diego Velázquez zarpó desde la vecina La Española con cerca de 300 conquistadores. Baracoa fue la primera de siete villas. Los indígenas fueron esclavizados y con el tiempo expuestos a las enfermedades europeas. Pueblos enteros se suicidaron y, a mediados de la década de 1550, la población indígena había disminuido de alrededor de 100,000 a 3,000.

Una estatua de Colón en Baracoa. La gente del lugar sostiene que él desembarcó aquí en 1492.

Piratería y comercio

Cuba permanecía como una insignificante colonia, pero a fines del siglo XVI, gracias

Cuba

a su estratégica ubicación en el Golfo de México, se convirtió en una base naval para la flota española que viajaba entre Europa y sus colonias. Los puertos como La Habana y Santiago de Cuba fueron fuertemente fortificados, ya que las invasiones de piratas franceses e ingleses eran comunes. También, un gran comercio de contrabando operaba desde las bases ubicadas en la isla.

En 1762, las fuerzas británicas capturaron La Habana. Sólo la mantuvieron un año, antes de retornar al poder de España al intercambiarla por Florida, pero durante este período

Las carretas tiradas por bueyes son aún un espectáculo muy común en todo el país.

Cuba tuvo un anticipo del futuro, pues el comercio hacia otros países fuera de España se abrió temporalmente, en particular con las colonias americanas.

El país había desarrollado una industria tabacalera lucrativa y, después de 1763, despegó la expansión del negocio de la caña de azúcar, con la importación de cientos de miles de esclavos africanos para realizar los trabajos que requerían mucha mano de obra. Poco después, Cuba le quitó la posición de principal productor de azúcar del Caribe a La Española, cuya industria azucarera se derrumbó debido a las revueltas de esclavos que llevaron a la creación de Haití.

A mediados del siglo XIX, Cuba era una de las colonias más importantes en el mundo, produciendo un cuarto de la producción mundial de azúcar, con medio millón de esclavos (casi la mitad de la población) y al menos 3,500 barcos mercantes visitándola cada año.

El camino hacia la independencia

La clase gobernante en Cuba estaba formada por personas nacidas en España (peninsulares) quienes eran designados para el cargo por la corona española. Los españoles nacidos y educados en Cuba, se conocían como criollos. Ellos administraban las plantaciones de caña de azúcar pero no se involucraban en los acontecimientos del país. Durante el siglo XIX, algunos criollos, particularmente en Oriente, el extremo este más pobre de la isla, se mostraron inconformes con su suerte. Los fuertes impuestos españoles los privaba de su riqueza potencial, y la abolición de la esclavitud en Estados Unidos como resultado de la Guerra de Secesión estadounidense significaban un fin inminente de su fuente de mano de obra barata.

El 10 de octubre de 1868, Carlos Manuel de Céspedes, un criollo dueño de una plantación, quien había ya desempeñado un pequeño papel en un levantamiento en España, proclamó la independencia y liberó a los esclavos de su hacienda, La Demajagua.

Cuba

Después de los primeros signos de éxito, su movimiento fue contrarrestado por un fuerte reforzamiento de las tropas españolas. Durante la Guerra de los Diez Años que siguió, los rebeldes, bajo el mando de los generales Máximo Gómez, Calixto García y Antonio Maceo, muy honrados ahora, 50,000 cubanos, incluyendo a Céspedes, y más de 200,000 españoles perdieron sus vidas. Cuba continuó siendo española pero la guerra contribuyó a la abolición de la esclavitud en la isla, y forjó una conciencia nacional.

El próximo levantamiento importante contra España se produjo en 1895, bajo la instigación de José Martí, el patriota más venerado de Cuba (ahora en su honor hay en todas las ciudades una calle, una plaza o un edificio que lleva su nombre). Nacido en 1853, a los 18 años estuvo exiliado por sus opiniones políticas, época durante la cual siguió la carrera de periodismo, principalmente en Estados Unidos, donde consagró su elocuente palabra a la independencia de Cuba y delineó conceptos de justicia e igualdad para el pueblo.

Una fortificación antigua en el Castillo de El Morro de Santiago de Cuba, construida en el siglo XVI.

Martí murió temprano en la Guerra de la Independencia y el liderazgo pasó a los generales Gómez y Maceo. Nuevamente, la guerra trajo gran destrucción, principalmente de las fábricas de azúcar (ingenios azucareros) y de los campos de caña, y un enorme derramamiento de sangre: murieron unos 300,000 cubanos.

Durante todo el siglo XIX, Estados Unidos se fue inmiscuyendo en forma creciente en los asuntos cubanos, en parte debido a la importancia geográfica de la isla y, en parte mediante el dominio financiero de su mercado azucarero. La compra de la isla por parte de EE.UU. a España había estado en sus planes en forma permanente y muchos cubanos vieron la anexión como un paso positivo hacia la independencia, aunque Martí puso énfasis en que Cuba debía evitar volverse un satélite de Estados Unidos ("Viví en el monstruo y conozco sus entrañas", escribió).

El monumento a Maceo en Santiago recuerda la Guerra de los Diez Años.

En febrero de 1898, el acorazado Maine fue hundido en el puerto de La Habana, muriendo los 260 miembros de la tripulación. La responsabilidad española nunca fue establecida con certeza, pero Estados Unidos utilizó el hundimiento como un pretexto para declarar la guerra. La victoria de EE.UU. vino rápidamente. Con la rendición de España reclamaron la isla a fines de ese mismo año. Un gobierno militar provisional duró hasta 1902, cuando Cuba se convirtió en república independiente con su primer presidente, Tomás Estrada Palma.

La arquitectura colonial lo saluda en cada recorrido por la isla. Ésta se encuentra en Centro Habana.

Falsa independencia

Durante las cinco décadas siguientes, Estados Unidos dominó la economía de Cuba y controló en gran parte sus procesos políticos. En 1901, la Enmienda Platt estableció formalmente la limitada autoridad de Estados Unidos sobre la isla, permitiendo la intervención para "la preservación de la independencia cubana" y, en 1906, Estados Unidos instaló un gobierno apoyado por sus fuerzas militares.

El período se caracterizó también por la corrupción política, la violencia y el terrorismo. Dos personalidades odiosas alcanzaron prominencia. El general Gerardo Machado fue electo presidente democráticamente en 1924 pero pronto instituyó una dictadura, censurando la prensa, prohibiendo reuniones públicas y asesinando a los opositores. Desde 1933, Fulgencio Batista, sólo un sargento aún, mantuvo las riendas del poder a través de una serie de presidentes títeres, antes de ganar la presidencia para sí mismo en 1940. Se retiró en 1944, pero en 1952 organizó y ejecutó fácilmente un golpe militar. Su venal dictadura le hizo posible invertir $300 millones en el exterior, hasta 1959.

Desde la década de 1920, la desilusión de la joven república, con su clara dependencia de los Estados Unidos y su falta de honradez política o igualdad social, crecía constantemente. Aunque Cuba tenía el segundo ingreso per cápita más alto en América Latina, la prosperidad no llegaba al pueblo (en 1950, el Banco Mundial estimaba que entre el 40 y 60 por ciento de los cubanos estaban subalimentados). En La Habana había una mayor concentración de millonarios en dólares que en cualquier otra parte de Centro o Sudamérica, y la capital se apodaba "Las Vegas del Caribe" por sus burdeles, casinos y gángsters.

El camino hacia la revolución

El 26 de julio de 1953, los rebeldes atacaron el Cuartel Moncada (el segundo enclave militar de mayor importancia del país) en Santiago de Cuba. El asalto fue un fracaso total, pero dio a conocer a su líder, Fidel Castro. Castro fue apresado y enjuiciado; su alegato de defensa de dos horas, publicado más tarde como *"La Historia me Absolverá"*, se convirtió en un manifiesto para los nuevos revolucionarios. Castro fue encarcelado en Isla de Pinos (llamada ahora Isla de la Juventud) hasta mayo de 1955, cuando Batista concedió la amnistía a los presos políticos.

Castro viajó a México. Al siguiente año, regresó por la parte sur de la región oriental de Cuba con una fuerza de 81 guerrilleros incluyendo al ché Guevara (ver página 21), apiñados dentro de un pequeño yate, el *Granma*. Sólo 15 de ellos se pusieron a salvo en las montañas de la Sierra Maestra. Milagrosamente, después del poco auspicioso comienzo, el llamado Movimiento 26 de Julio se convirtió en un ejército guerrillero de consideración, con la ayuda de los campesinos locales a quienes se les prometió una reforma agraria.

Mientras las fuerzas de Castro saboteaban fábricas y tenían encuentros con las tropas de Batista, el dictador se desprestigió asesinando y torturando a los sospechosos de complicidad con los rebeldes. Después de la desastrosa ofensiva de las tropas gubernamentales sobre los bastiones rebeldes en las montañas en 1958, el 11 de enero de 1959 Batista abandonó el país dirigiéndose a República Dominicana, entrando los *barbudos* triunfantes a Santiago y, una semana después, a La Habana.

La Cuba de Castro

Inmediatamente, los alquileres se redujeron, se establecieron nuevos niveles salariales y las haciendas se limitaron a 1,000 acres. Se inició un programa completo de nacionalización, con la expropiación de fábricas, empresas de servicios y más tierras. A fines de la década de 1960, casi todos eran empleados estatales. Al mismo tiempo, se aplicaron los programas educativos para erradicar el analfabetismo y brindar servicios de educación y salud gratuitos.

No todos estaban complacidos con las nuevas medidas. Los medios de comunicación pronto estuvieron bajo control estatal y los Comités de Defensa de la Revolución (CDR) se organizaron para llevar cuenta de los disidentes. En los primeros años, decenas de miles de personas sospechosas de no ser simpatizantes fueron detenidas, encarceladas, o enviadas a campos de trabajo, junto con otras personas "indeseables" tales como los homosexuales y los sacerdotes.

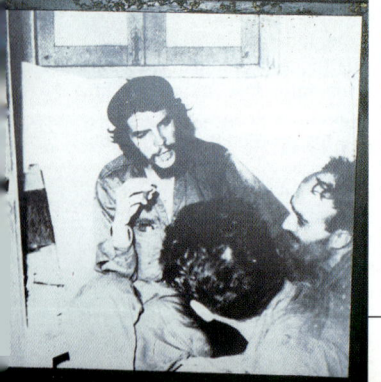

Ché Guevara, la imagen de la década del 60 para los románticos izquierdistas de todo el mundo.

Entre 1959 y 1962, aproximadamente 200,000 cubanos, en su mayoría profesionales y los más acomodados, abandonaron el país. Esto inició un modelo de colonia para expatriados cubanos en la cercana Florida; más adelante entre 1965 y 1971 viajaron 200,000 mediante el Programa de Vuelos de la Libertad y, en 1980, los siguieron otros 125,000

El Ché y Fidel

Ernesto "Ché" Guevara (ché significa "compañero" o "hermano"), es la personificación pura de la revolución cubana, idolatrado por los cubanos y elogiado diariamente por los escolares de cinco años, quienes inician las clases diciendo "¡Seremos como el Ché!".

Nacido en Argentina en 1928, estudió medicina antes de convertirse en un alma errante por Centro y Sudamérica con un montón de literatura marxista en su mochila. Conoció a Castro en México en 1955, y en los diez años siguientes fue su mano derecha, como guerrillero en las montañas, luego como director del Banco Nacional (firmando los billetes como "Ché"), Ministro de Industrias y Ministro de Economía.

La visión idealista del Hombre Nuevo quien no busca beneficio personal y su insistencia en la ultracentralización, ocasionó un gran daño a la economía de Cuba en la década de 1960. En 1965, salió de Cuba por nuevas causas, las que merecían los "cantos luctuosos de las ametralladoras y los nuevos gritos de guerra y de victoria"; fue asesinado tratando de fomentar la revolución en Bolivia en 1967.

Fidel Castro, Presidente del país, Secretario General del Partido Comunista y Comandante en Jefe de las fuerzas armadas, nació en 1927 y estudió derecho en la Universidad de La Habana. Normalmente llamado Fidel, él también recibe muchos sobrenombres: "el caballo", "el azafata" (él siempre les está pidiendo a los cubanos que se ajusten sus cinturones), y "el barbudo" (algunas veces la gente se toca la barbilla para referirse a él).

En otro tiempo un luchador guerrillero puritano y siempre un consumado demagogo, puede hablar coherentemente sin apuntes durante horas desde un estrado. Su personalidad y su longevidad en el poder empequeñecen a la mayoría de los líderes mundiales. De hecho, ha sobrevivido a ocho presidentes estadounidenses, a pesar de los intentos de asesinato de la famosa CIA, que incluyen hasta puros con explosivos.

Un letrero (valla) en Bahía de Cochinos dice: "La primera derrota del imperialismo en América Latina".

cuando Castro levantó las restricciones de viajes desde el puerto de Mariel (al oeste de La Habana).

De acuerdo a los estimaciones oficiales de Washington, los negocios de EE.UU. perdieron $8 mil millones debido al programa de nacionalización, en los capitales decomisados tales como la compañía cubana de teléfonos y la de electricidad, docenas de ingenios (fábricas) azucareros, cientos de miles de hectáreas de tierra. Como represalia, en 1960, el gobierno de EE.UU. inició el embargo contra Cuba (llamado bloqueo por los cubanos), que continúa hasta hoy. Además, en 1961, los exiliados cubanos entrenados por la CIA intentaron derrocar el régimen de Castro con la fracasada invasión de Bahía de Cochinos.

Washington estaba muy descontento con la forma en que Cuba evolucionaba políticamente. Inmediatamente después de Bahía de Cochinos, Castro se autoproclamó marxista leninista. (En 1976 el Partido Comunista se instituyó formalmente como la única organización política permitida en el país). Como Castro no mostraba ninguna inclinación comunista en la década de 1950, algunos insinuaron que él adoptó su nuevo manto político para congraciarse con la Unión Soviética. En 1960, los dos países comenzaron a intercambiar petróleo por azúcar y a finales de la década de

1980 más del 80 por ciento del comercio de Cuba se realizaba con la URSS, la que también proporcionaba a Cuba un subsidio importante de aproximadamente US$5 mil millones anuales.

En 1962, el presidente soviético, Nikita Khrushchev, instaló 42 misiles de alcance medio en Cuba. Al descubrirse su presencia, el presidente de EE.UU., John F. Kennedy, impuso una cuarentena naval a la isla para asegurarse de que no llegaran más misiles, e insistió en que los existentes tenían que retirarse. Después de seis días, la crisis llegó a su final cuando Khrushchev cedió, a cambio de la promesa de EE.UU. de nunca invadir a Cuba.

El período especial

Hasta finales de la década de 1980, el comercio y subsidio soviéticos fueron factores cruciales para apoyar a la Cuba fuertemente centralizada y su economía planificada, a menudo, incorrectamente. Pero la democratización por Europa oriental y el repentino desmembramiento de la Unión Soviética dejaron a Cuba sin alimentos, sin petróleo y sin divisas.

En 1990, el gobierno anunció el comienzo de un "Período Especial en Tiempo de Paz" e introdujo nuevas medidas de austeridad. Aunque el racionamiento existía desde comienzos de la década de 1960, se incrementó para cubrir otros productos y, como resultado, se ha vuelto virtualmente imposible para los cubanos vivir solamente con la cuota de alimentos. Los cortes de energía (apagones), paralizan las fábricas y la ciudad, mientras que la caña de azúcar se pudre en los campos al no haber maquinarias para cosecharla. La bicicleta, el caballo y la carreta se han convertido en las formas de transporte preferidas. Para empeorar las cosas, en 1992 la Ley para la Democracia en Cuba extendió el embargo de EE.UU. hasta la proscripción del comercio con Cuba a las subsidiarias extranjeras de las compañías de los EE.UU.

Como el Vietnam comunista, para sobrevivir, el gobierno está introduciendo un número limitado de medidas capitalistas mientras mantiene una firme política de mano dura. Se estimulan

Un soldado cubano observa la Base Naval de Bahía Guantánamo, desde un elevado refugio.

insistentemente las inversiones extranjeras en empresas mixtas con compañías cubanas, en campos tales como turismo, minería y prospección petrolera, siendo las firmas canadienses, mexicanas y españolas las dominantes. La posibilidad de corrupción moral por la expansión de la industria turística se ve como un mal tan necesario como las divisas que ingresan. La mayoría de los cubanos concordará en que, con las medidas como la legalización del dólar y las empresas privadas en pequeña escala de 1993 y la introducción de los mercados de campesinos privados en 1994, su bienestar se incrementó en forma perceptible.

No obstante, en La Habana hubo serios desórdenes antigubernamentales durante el verano de 1994 y muchos cubanos emigrarían si pudiesen. En agosto de 1994, Castro levantó repentinamente las restricciones a los que deseaban salir (normalmente las patrullas costeras obligaban a retornar a los emigrantes potenciales). Más de 30,000 cubanos trataron de cruzar hacia Florida en balsas improvisadas construidas de corcho, neumáticos y madera. Muchos se ahogaron o fueron devorados por los tiburones y, para enfrentar tal cantidad de personas, el presidente Clinton abolió la política de EE.UU. de asilo automático para los refugiados cubanos, instalándolos en la Base Naval de Guantánamo (ver página 80), en un asentamiento provisional con tiendas de campaña.

Cuba, el anticuado y aislado dinosaurio socialista, lucha contra todas las desigualdades. Con el embargo de EE.UU., denunciado en las Naciones Unidas por una mayoría siempre creciente (por 101 votos contra 2 y 48 abstenciones, en 1994), se pretende principalmente castigar a este régimen antidemocrático. Sin embargo, irónicamente, sólo el levantamiento de estas sanciones comerciales puede anunciar el fin de la Cuba comunista, tan pronto como se sumerja la isla en el genuino mercantilismo.

Hitos históricos

1492   Cristóbal Colón descubre Cuba.

1511   Diego Velázquez inicia la colonización española.

1519   Fundación de La Habana en su lugar actual.

1762   Las fuerzas británicas toman La Habana y permanecen un año.

1868 – 78   La Guerra de los Diez Años por la independencia cubana; finalizó con la victoria española.

1886   Fin de la esclavitud en Cuba.

1895   Comienza la Guerra de Independencia, José Martí muere en combate.

1898   Hundimiento del acorazado *Maine* de EE.UU; Estados Unidos declara la guerra a España y vence; España entrega Cuba.

1901   La Enmienda Platt legaliza la intromisión de EE.UU en Cuba.

1902   Se instaura la República de Cuba.

1934   Anulación de la Enmienda Platt.

1940 – 44   Fulgencio Batista gobierna como presidente.

1952   Batista recobra el poder en un golpe militar.

1953   Fidel Castro lanza el fallido ataque al Cuartel Moncada (el 26 de julio).

1956   Castro regresa a Cuba en el yate *Granma* e inicia las operaciones guerrilleras.

1959   Castro toma el poder (1 de enero); Batista huye del país.

1961   Exiliados cubanos entrenados por la CIA son derrotados en Bahía de Cochinos.

1962   Crisis de los misiles en Cuba (Crisis de Octubre).

1980   125,000 cubanos salen de Cuba desde el puerto de Mariel.

1990   Desaparecen el comercio y los subsidios soviéticos; comienzan nuevas medidas de austeridad del Período Especial.

1993   Inicio de las reformas económicas, incluyendo la aceptación de dólares de EE.UU. como moneda circulante en Cuba.

1994   Éxodo de 30,000 balseros hacia la Florida; la mayor parte devueltos a la Base Naval de Guantánamo.

1995   Reformas adicionales incluyen la venta de bienes raíces a extranjeros; proliferan los mercados libres, permitiéndosele a los campesinos vender alimentos directamente a los consumidores.

DÓNDE IR

Nicolás Guillén, el más admirado poeta de la nación, describió a Cuba como un "gran caimán verde". Es indudablemente grande, 1,250 km. de punta a cabo. Casi del tamaño de Inglaterra, la isla se divide en 14 provincias (establecidas en sustitución de las seis provincias que existían antes de la revolución) e incluye alrededor de 1,500 islas en el mar, conocidas como cayos.

Dado su tamaño, usted necesitaría al menos un mes para explorar Cuba completamente. Esta guía comienza en la capital La Habana, luego sigue por las apreciadas tierras del tabaco en el oeste, antes de virar hacia los llanos de la caña de azúcar en la parte central de Cuba y llegar donde se alzan las montañas en el este. Cada región tiene sus encantos, pueblos fascinantes y complejos hoteleros al lado de las depuradísimas playas caribeñas diseminadas alrededor de toda la isla. Sin embargo, encontrará que Cuba es sencillamente demasiado seductora para pasar todas las vacaciones tostándose en la playa.

LA HABANA

La capital de la isla con casi 3 millones de habitantes, es una de las ciudades más arrebatadoras en el mundo. Desde sus días de antaño como cruce marítimo y a hasta la década de 1950, cuando los gángsters introdujeron el negocio de la prostitución y del juego haciendo de La Habana un sinónimo de inmoralidad, siempre mantuvo un sórdido atractivo. Durante el siglo XIX, los viajeros la describían como "maravillosa, singular y bella" y "espantosamente fragante" y ambos epítetos aún hoy son válidos: callejuelas fétidas junto a edificios coloniales espléndidamente restaurados.

Las actuales penurias económicas del país dan a La Habana un semblante lánguido y no más que un débil aire de finales del siglo XX. Ella se despierta con el canto de los gallos en vez del sonido de los automóviles y los habaneros pasan las horas recostados fotogénicamente en portales sombríos y en ruinosos balcones.

Dónde ir

La Habana Vieja

La Habana se estableció aquí en 1519, debido a su gran puerto natural. Durante el siglo XVI una flota de galeones cargados con tesoros utilizaba anualmente el puerto como un punto en el camino de regreso a España desde el Nuevo Mundo. Alrededor del siglo XVII los constantes ataques piratas provocaron la ampliación de las defensas de la ciudad, fortalezas colosales, una cadena a través de la entrada del puerto y enormes muros en la ciudad, haciendo de La Habana el "baluarte de las indias occidentales".

Los residentes más adinerados vivían con sus esclavos en grandes mansiones construidas al estilo mudéjar, una tradición arquitectónica cristiano-musulmana que se desarrolló en España. Tras sólidas puertas se esconden patios bañados por una luz tenue, rodeados por persianas, barras de ventanas

El perfil del Vedado proporciona un dramático telón de fondo al Malecón, la calzada frente al mar de La Habana.

talladas llamadas rejas y ventanas de vitrales de media luna conocidas como mediopuntos.

Debido a estas maravillas arquitectónicas, la UNESCO declaró a La Habana Vieja como Patrimonio de la Humanidad en 1982. Un pequeño número de edificios fue restaurado con esmero, pero muchos otros están apuntalados con postes, sus arcos, pilares acanalados y azulejos de mosaico sobre las antiguas bases. Esta llamativa ruina se mezcla con callejuelas polvorientas que atacan las fosas nasales con un cóctel tropical de orina, tabaco y café y a los oídos con el timbre de las bicicletas, las sirenas del puerto distante y los hipnóticos ritmos latinos que salen de las viviendas cercanas. Desgarbados gatos y perros vagabundean por las calles, una anciana en un balcón pone sus compras en un cubo y las cuelga en una cuerda y, por la noche, las calles están oscuras como boca de lobo excepto por el resplandor del neón de los aparatos de TV desde las diminutas habitaciones.

 Plaza de Armas

La Habana Vieja sólo puede conocerse caminándola. El lugar natural para comenzar un paseo es la plaza más vieja de la ciudad, la **Plaza de Armas**, dispuesta alrededor de la estatua del patriota Céspedes y circundada por bancos de mármol oscuro y vendedores de libros usados.

En la parte oriental de la plaza está el templo neoclásico, **El Templete**, que marca el lugar donde se celebró la primera Misa en 1519. Hacia el norte, iniciado en 1558, está el pequeño **Castillo de la Real Fuerza** rodeado por un foso con agua. Ésta es una de las fortalezas más antiguas de las Américas. En la planta baja hay una exposición de arte moderno y una magnífica vista del puerto desde sus murallas almenadas. Busque sobre una torre la veleta del tiempo, *La Giraldilla*. La mujer escudriñando los mares en busca de su

> Para visitar las iglesias: no debe usar pantalones cortos, vestidos escotados o camisetas sin mangas.

Principales sitios de interés de La Habana

Para pasear

Plaza de Armas, Plaza de la Catedral. Dos plazas importantes de La Habana Vieja, entre edificios coloniales espléndidos. (Ver páginas 28 y 30).

Calles Obispo, O'Reilly, Obra Pía. Las vías principales y de más ambiente en La Habana Vieja. (Ver páginas 32 y 33).

Prado. Un paseo de tres vías lleno de vida cubana y delineado con deslumbramiento y arquitectura natural. (Ver página 35).

Malecón. La costa espléndida pero descuidada. (Ver página 39).

Museos y lugares de interés

Casa Museo de Ernest Hemingway. La casa de Hemingway, llena de muebles y pertenencias originales. Abre el lunes y de miércoles a sábado de 9:00 a.m. a 4:00 p.m., domingos desde las 9:00 a.m. hasta el mediodía; cierra si llueve. (Ver página 43).

Cementerio de Cristóbal Colón. Un cementerio colosal que data de 1868, con muchos mausoleos de máxima categoría. (Ver página 41).

Museo de la Revolución. Un relato completo de la revolución cubana, en el palacio presidencial. Sábados de 1:00 p.m. a 6:00 p.m., domingos de 10:00 a.m. a 1:00 p.m. (Ver página 37).

Castillos del Morro y la Cabaña. Magníficas vistas de la ciudad desde una gran fortaleza colonial. Martes a sábados de 10:00 a.m. a 6:00 p.m. domingos de 9:00 a.m. a 1:00 p.m. y de jueves a lunes de 10:00 a.m. a 6:00 p.m. (Ver página 38).

Palacio de los Capitanes Generales. El museo de la ciudad en un palacio barroco. Diariamente de 9:30 a.m. a 6:30 p.m. (Ver página 30).

Fábrica de tabacos Partagás. Una gran fábrica de puros trabajando. Giras de lunes a viernes cada dos días y sábados a las 9:00 a.m. y 2:00 p.m. (Ver página 39).

Comidas, bebidas y vida nocturna

La Bodeguita del Medio. Reconocida por sus paredes garabateadas y los espléndidos mojitos (cocteles). (Ver las páginas 31 y 139).

El Floridita. Famoso por su bien documentada relación con Hemingway y los daiquiris. (Ver páginas 34 y 140).

El Patio. El comedor en el patio más hermoso de la ciudad. (Ver página 140).

Hotel Riviera. La mejor música de salsa y jazz de la ciudad. (Ver página 92).

Hoteles Sevilla y Nacional. Lo más lujoso de La Habana. (Ver página 131).

Tropicana. Famoso cabaret al aire libre. (Ver página 90).

esposo perdido, el gobernador, es el símbolo de la ciudad y del Ron Habana Club.

En 1791, la sede de gobierno y la residencia del gobernador (o capitán general) se trasladó de la fortaleza hacia el **Palacio de los Capitanes Generales**, una construcción nueva entonces de estilo barroco, en el lado oeste de la plaza. El palacio presidencial, y en otro tiempo palacio municipal hasta que Castro tomó el poder, es ahora **Museo de la Ciudad de La Habana**. Sobre el sereno patio y la estatua de Colón se encuentran una serie de espléndidas habitaciones con mármoles y candelabros, algunas guardando viejas balas de cañón y coches, otras adornadas con muebles dorados. La habitación más reverenciada conmemora las guerras por la independencia de Cuba del siglo XIX, con la primera bandera cubana y los honrados objetos personales de los generales de aquellos tiempos. La superficie de la calle exterior es de madera, algunos lo explican diciendo que el gobernador se quejaba porque los carruajes golpeando sobre los adoquines lo despertaban por la noche.

Una estatua de Carlos Manuel de Céspedes se levanta en la Plaza de Armas.

Plaza de la Catedral

La Plaza de la Catedral es tan encantadora que podría ser un teatro. Casi todos los días se despliega un pintoresco mercado de artesanías en la plaza adoquinada, distrayéndole de las majestuosas mansiones coloniales con sus brillantes persianas mediopuntos, las magníficas fachadas barrocas onduladas y los campanarios asimétricos de las iglesias de finales del

La vida en los balcones. Los residentes locales se aprovechan del sol en este escenario clásico de La Habana Vieja.

siglo XVIII. El interior de la Catedral generalmente sólo abre los domingos en la mañana; es más sencillo de lo que usted espera.

Situado en un excelente palacio construido en 1720, el **Museo de Arte Colonial** es de singular interés. Su patio de color amarillo y el poco cambio de sus rasgos arquitectónicos se complementan con una gran colección de adornos de los siglos XVII y XVIII.

En otra mansión, la Casa de Lombillo, está el **Museo de la Educación**. Sus muestras más interesantes hacen públicos los éxitos de la *Campaña de Alfabetización* realizada en los primeros años de la revolución. Al frente del museo, asegúrese de dar un vistazo al asombroso patio del restaurante El Patio (ver página 140). Justo a la vuelta de la esquina, en la Calle Empedrado, encontrará el restaurante **La Bodeguita del Medio** (ver página 139), así como exhibiciones de arte en el **Centro Cultural Wifredo Lam**, reconocido ahora como el artista modernista cumbre de Cuba. Libros, manuscritos y fotografías

Aún los modestos puestos de productos agrícolas resultan pintorescos en La Habana Vieja.

del novelista de más renombre del país se archivan en el **Centro de Promoción Cultural Alejo Carpentier**.

Calle Obispo y sus alrededores

Uniendo la Plaza de Armas con el Parque Central, la **Calle Obispo** es la vía pública más importante y concurrida de La Habana Vieja, convertida en paseo peatonal con cabezas de proyectiles como barreras contra automóviles. Aquí usted puede husmear en una farmacopea que no ha cambiado desde el siglo XIX. Igualmente fascinantes, son las dos calles paralelas y en parte residenciales, O'Reilly y Obrapía, donde grandiosos edificios neoclásicos y coloniales se entremezclan con decrépitos conventillos.

Mucho de lo restaurado en La Habana Vieja se concentra a pocas cuadras hacia el extremo oriental de estas calles. Los museos en la vecindad son dignos de visitarse, tanto por sus mansiones coloniales maravillosas como por su contenido. Comenzando desde la Plaza de Armas y bajando por la calle Oficios. Exactamente a la derecha, el **Museo Numismático** contiene una selección completa de monedas y billetes cubanos. Un poco más adelante, se encuentra la **Casa de los Árabes**, cuyo edificio del siglo XVII ahora sirve de depósito de alfombras, túnicas y artesanías, un lugar de culto para musulmanes y un restaurante (ver página 140).

Doble a la derecha hacia la calle Obrapía. En la esquina

Dónde ir

de la calle Mercaderes, la **Casa de la Obra Pía**, es una auténtica maravilla arquitectónica del siglo XVII, con modificaciones barrocas alrededor de un patio rodeado de flores y un completo conjunto de habitaciones domésticas amobladas.

La sólida mansión de enfrente es casi tan impresionante y alberga la **Casa de África**. Hay cueros, tambores, trajes, figuras talladas y adornos de cerca de 26 países africanos, así como una colección de santería, interesante y provocativa. (Ver página 35).

Doblando por Mercaderes hacia arriba, pronto llega a la **Casa de Puerto Rico** (también llamada Casa del Tabaco) que está a la izquierda. Su pequeña colección de objetos relacionados con los fumadores incluyen fosforeras en forma de piano, máquinas de escribir, cámaras fotográficas y teléfonos; en el edificio también se encuentra La Academia Cubana de Idiomas.

Casi todos los días puede encontrar en la Plaza de la Catedral la bulliciosa actividad de un pintoresco mercado de artesanías.

En la esquina de Mercaderes y Obispo está el **Hotel Ambos Mundos**. Si las reparaciones que se están realizando lo permiten, visite la habitación 511, preparada con los objetos originales de Hemingway de cuando él residía ahí en la década de 1930. Los fanáticos de Hemingway deben ir a **El Floridita** (ver página 140) situado al extremo poniente de la calle Obispo. El escritor inmortalizó el elegante bar en *Islands in the Stream*. Fotos de Hemingway adornan las paredes, su silla está en el extremo izquierdo del bar cuando usted entra y su daiquirí favorito se llama ahora Papá Hemingway, con medida doble de ron y sin azúcar (los cantineros dicen que era diabético).

La Plaza Vieja y sus alrededores

La muy bien llamada Plaza Vieja surgió alrededor de 1584 a medida que los comerciantes adinerados fijaban su residencia en ese lugar. La mayor parte de sus mansiones están ahora en un estado muy lamentable, pero se están restaurando lentamente para recobrar en algo su antigua gloria. En la esquina sudoeste hay un palacio del siglo XVIII que se convirtió en un centro de artes.

Aquí, los viejos rincones están llenos de historia, pero los turistas los visitan poco y debe tener cuidado con sus pertenencias. En la calle Cuba, entre las calles Amargura y Brasil está el **Museo Histórico de las Ciencias Carlos J. Finlay**, que es un lugar antiguo maravillosamente rancio, con un teatro abovedado para charlas, galería de pinturas, biblioteca y farmacia. En otro tiempo la Academia de Ciencias, su nombre honra al cubano que descubrió que los mosquitos transmiten la fiebre amarilla. Un poco más allá en la calle Cuba, entre las calles Sol y Luz, se levanta el **Convento de Santa Clara** del Siglo XVII, un vasto complejo con varios pisos en mal estado, rodeando un tranquilo patio lleno de jardines con exóticos árboles. Convento hasta 1919, ahora es un centro de conservación arquitectónica.

Cerca de la estación de ferrocarriles (terminal de trenes) en la calle Leonor Pérez, entre las calles Picota y Egido está

Dónde ir

> ### El culto a los dioses
>
> La santería, "el culto a los dioses", vino del pueblo yoruba en Nigeria. Se estima que cerca de un 90 por ciento de los cubanos han practicado alguna vez sus rituales, incluyendo, se afirma, también a Castro; y su popularidad parece que va en aumento. En el panteón de la santería hay cientos de dioses, llamados *orichas*, cada uno con sus características como en la mitología clásica. Los creyentes se afilian ellos mismos a un *oricha* en particular, poniéndolo de manifiesto a través de collares y altares de comidas y bebidas propiciatorias en sus casas. Cada *oricha*, tiene un santo del catolicismo homólogo: los esclavos entremezclaban sus prácticas religiosas con el catolicismo para no ser obstaculizados por los españoles. Los días de los santos se celebra bailando al compás de muchos tambores afrocubanos.
>
> El mejor lugar para conocer sobre la santería, en Guanabacoa, al este del puerto de La Habana, es su museo histórico. Puede ver el lugar sagrado donde un *babalao* (sacerdote mayor) realiza sus presagios, un aspecto fundamental de la santería. En La Habana Vieja, hay también una exhibición de santería en la Casa de África (ver página 33) y una tienda de santería (ver página 85).

la modesta **Casa Natal de José Martí**. La gran cantidad de efectos personales que se muestran no le deja dudas de la importancia de Martí, en el panteón de los héroes cubanos. La estación por sí sola es fascinante, con cientos de personas esperando en filas, y un estacionamiento lleno de bicicletas estilo *rickshaw* (con aditamentos para transportar personas) y viejos Cadillacs funcionando como taxis.

El Prado y sus alrededores

Amplias avenidas limitan el oeste de La Habana Vieja. Lo más encantador es el **Prado**, que va desde el Parque Central hasta el mar. Edificios en mal estado aunque suntuosos, con fachadas de color rosado flamenco y verde lima y adornados con

El juego de luz y sombra da un misterioso magnetismo a La Habana Vieja.

columnas y barandas flanquean un paseo peatonal elevado, de laureles, lámparas de gas y bancos de mármol. En el siglo XIX, éste fue el lugar de moda para paseo peatonal. Ahora sirve como un miniparque a los habaneros, desde parejas de ca-notaje hasta niños que juegan con sus patinetas hechas en casa. En la gigantesca sala estucada de la **Academia de Gimnasia**, en Prado 207, los musculosos instructores hacen que los prodigios de cinco años les sigan sus pasos en las volteretas y las barras paralelas.

En la avenida Parque Central floreciente de palmeras, cerca del airoso hotel Inglaterra (ver página 130), se levanta el magnífico **Gran Hotel Teatro**. La sede de la escuela nacional de ballet cubierta de balaustradas, persianas y cariátides. El interior cavernoso no es menos fabuloso y durante los paseos en un día de semana puede aún ver los ensayos del ballet y el desarrollo de las clases.

Muy próximo está el monumental **Capitolio,** una réplica del capitolio americano en Washington D.C. Se terminó en 1929 y simboliza el momento en que la isla estaba bajo la influencia de Estados Unidos. Esta antigua sede del gobierno alberga ahora la **Academia de Ciencias**, incluyendo un museo de ciencias para la educación. Sus grandes puertas de bronce describen pictóricamente la historia de la isla y en el interior de la enorme galería principal hay un diamante, en el piso bajo la cúpula.

A lo largo de Zulueta, la avenida paralela al Prado, se encuentra un trío de museos. El **Museo Nacional de Bellas Artes** que contiene colecciones impresionantes de objetos egipcios, griegos y romanos, así como trabajos de arte europeo de los siglos XVI al XIX, desde Canaletto a Turner; muchas de estas piezas fueron tomadas de colecciones privadas después de la revolución. Sin embargo, las galerías tienen poca iluminación y algunas pudieran estar cerradas por restauración. Algunos salas se dedican al arte moderno cubano con sensitivas piezas al estilo de Diego Rivera, creaciones abstractas de Wifredo Lam y trabajos posrevolucionarios tan estimulantes por su componente social como por su estética.

El **Museo de la Revolución**, situado dentro del gran Palacio Presidencial, utilizado por presidentes (y dictadores) entre 1920 y 1959, es el museo más grande y más interesante del país, dedique un par de horas para verlo. Presenta una visión exhaustiva de todos los aspectos de la revolución. Las secciones más cautivantes registran la lucha por el poder a través de incontables mapas, fotos evocativas de escenas de víctimas de las torturas y de escenas del triunfo de la revolución y una colección de objetos personales dignos de recordarse, desde pasaportes hasta ropas manchadas de sangre. Documentos acusan a la CIA de introducir virus dañinos en Cuba. Se destacan las muestras de recortes de periódicos de EE.UU. que piden el fin del embargo comercial, al mismo tiempo que agradecen a los presidentes Reagan y Bush, representados en caricaturas de cuerpo entero de un sheriff y de un emperador romano, por fortalecer la revolución sin desearlo. Al centro de la plaza, y con su aspecto original, está el yate *Granma*, que trasladó los 81 rebeldes de Castro en 1956. El furgón blindado con el letrero "Fast Delivery" que se utilizó en el fallido intento de asesinato de Batista en 1957.

El **Museo Nacional de la Música**, situado frente al mar, es de primordial interés por su amplitud, su colección didáctica de tambores africanos y por sus instrumentos de cuerdas.

Dos castillos

Los castillos más impresionantes de Cuba se ubican inquietantes sobre el puerto comercial de la capital. Tome un taxi para llegar a ellos por la avenida del túnel bajo el mar. El más antiguo, construido a fines del siglo XVI, es el **Castillo de los Tres Santos Reyes Magos del Morro**, más conocido como Castillo del Morro. Desde su ubicación a la entrada del puerto, las vistas de La Habana por encima de desafiantes cañones, resultan mágicas.

Desde el Capitolio se vislumbra Centro Habana, hogar de la fábrica de tabaco Partagás.

La gran **Fortaleza de San Carlos de la Cabaña** (conocida como La Cabaña), que bordea el puerto, se construyó después de la toma de La Habana por los ingleses en 1763. Ésta es la fortaleza más grande construida en las Américas. Además de ser impresionante y estar bien conservada, los jardines y murallas están románticamente iluminados en la noche. Una ceremonia a las 9:00 p.m. representa la descarga de un cañón que indica el cierre de las puertas de la ciudad. Una gran exhibición que abarca la historia de los castillos contiene una reproducción de un ariete y una catapulta.

La Nueva Habana

Los muros de la Habana Vieja desaparecieron durante el siglo XIX para permitir que la ciudad se expandiera hacia el oeste, donde ahora existe una gran red de calles y avenidas. El largo y curvilíneo **Malecón**, una autopista de seis vías al lado de la costa, une los municipios de Centro Habana y Vedado. Desde su extremo este, los edificios con colores naturales se transforman gradualmente en dramático esplendor. La juventud de La Habana se reúne aquí masivamente en las espléndidas noches, elevando cometas, nadando fuera de los arrecifes y adentrándose en el mar en grandes cámaras de neumáticos, para pescar.

Centro Habana

Centro Habana es un área residencial y comercial desarreglada. La principal calle comercial de la ciudad, **San Rafael**, la atraviesa desde el Parque Central hacia el oeste. Además de dar un fascinante paseo por aquí, puede detenerse y pintarse las uñas, o afeitarse y cortarse el pelo, todo en la vereda misma. En las calles Zanja y Rayo, uno de los nuevos mercados privados del país ha desbordado el pequeño barrio chino de La Habana. Los alimentos a la venta pueden ser escasos para los estándares occidentales, pero este mercado libre con amplio suministro, es un espectáculo asombroso en la Cuba bloqueada.

Cuando el mar está embravecido, las olas saltan por sobre el muro del Malecón hacia la avenida.

La gran fábrica de tabaco Partagás, exactamente detrás del Capitolio, es la fábrica de exportación más grande del país, con 200 torcedores que producen 5 millones de puros

Estímulos del negocio: los torcedores de puros pueden fumarse todos los puros que deseen.

al año. Con una tienda excelente, ésta es la mejor fábrica para visitar en la isla. Los torcedores golpean la mesa al unísono para saludar a los visitantes (ver página 48).

Vedado

Los días de apogeo del **Vedado** fueron en las décadas de 1940 y 1950, cuando los gángsters como Meyer Lansky tenían el control de los hoteles Nacional, Riviera y Capri. Actuaban estrellas como Frank Sinatra y Ginger Rogers y los turistas americanos gastaban su dinero en ostentosos casinos. La revolución puso orden en la vida nocturna, prohibiendo el juego y deportando a los mafiosos.

Salvo el muy fastuoso Nacional (ver página 131), los hoteles han visto mejores días. El Vedado es un distrito comercial muy bueno, así como un área residencial con árboles, espaciosa y decorosa en comparación con La Habana Vieja y Centro Habana.

Los comercios se concentran en **La Rampa** que es el nombre del tramo de la calle 23 entre calle L y el mar. Al lado, opuesto a la torre del Hotel Habana Libre, Havana Hilton antes de la revolución, está **el parque de la heladería Coppelia**.

En este lugar algo excéntrico, los residentes locales hacen filas literalmente durante horas por helados de calidad, comiendo muchos de una vez o llevándolos en cacerolas a la casa. Los extranjeros insensibles pueden ponerse a la cabeza de la fila. Una corta caminata subiendo por calle L lo lleva hasta la universidad, un área de edificaciones neoclásicas apaci-

Dónde ir

ble y atractiva. Son abundantes los estudiantes que desean conocer extranjeros.

Exactamente al este, por la calle San Miguel entre las calles Ronda y Mazón, está el elegante **Museo Napoleónico**. Esta mansión no sólo está llena de artículos del Imperio, también alberga una colección destacada de objetos napoleónicos dignos de atesorar: bustos, retratos y aún su pistola, sombrero y mascarilla de Sta. Helena. La casa y su contenido la adquirió el estado de manos de su acaudalado propietario en 1960, como sucedió también con el **Museo de Artes Decorativas**, en la calle 17 entre las calles D y E. Cada sala en esta gran villa del siglo XIX, está amoblada con un estilo en particular: inglés Chippendale, chino, barroco o arte Deco en el fabuloso cuarto de baño.

El **Cementerio de Cristóbal Colón** es sin duda el lugar cumbre del Vedado. Un mar de mármoles color crema se extiende a través de esta ciudad de los muertos, trazada en una enorme red de calles. Mausoleos inmensos bordean las

El cementerio de Cristóbal Colón es sin duda el lugar cumbre del Vedado con sus inmensos mausoleos y su mar de mármoles.

Excentricidades de La Habana: el edificio de la Embajada Rusa se levanta en la zona de Miramar.

principales avenidas del cementerio. Los cubanos vienen a orar y colocar flores en la tumba de La Milagrosa, quien ayuda a las personas necesitadas. Al retirarse, tienen cuidado en no darle la espalda.

Plaza de la Revolución

El distrito sin vida conocido como **Plaza de la Revolución** sólo es digno de visitarse para dar un breve vistazo a la plaza del mismo nombre, una gran explanada donde se realizan concentraciones políticas. Aquí el escenario lo conforman edificios horribles de múltiples pisos para los ministerios y un obelisco muy alto y delgado que parece una rampa lanza cohetes, con José Martí meditabundo en su base, erigidos por Batista en la década de 1950. Los soldados piden a los que van lento que se apresuren.

Miramar

Más atractivo es el sector exclusivo de **Miramar** hacia el oeste. Las villas de los adinerados antes de la revolución se han dividido en departamentos o convertido en oficinas, pero las embajadas aún le dan el toque de área de categoría. Conduciendo por la Quinta Avenida las puede ver, cada una ostentando su bandera nacional.

En la esquina de la calle 14, el **Museo del Ministerio del Interior** tiene exhibiciones algo enigmáticas relacionas con el espionaje de la CIA, incluyendo dispositivos de cifrado

Dónde ir

escondidos en maletines, equipos de descifrado y transmisores camuflados dentro de falsas rocas. No se pierda la embajada de Rusia, entre las calles 62 y 66, observando a todo el mundo como un robot de concreto gigante.

Derecho hacia el poniente por la Avenida 3ª, el **supermercado de los diplomáticos** (diplomercado), puede parecer pobre para los estándares occidentales pero es con seguridad la sala de venta de alimentos mejor surtida de Cuba. Cualquier persona que tenga dólares puede comprar aquí. Es quizá el único lugar en Cuba donde puede encontrar lo necesario para un picnic, que posiblemente pueda llevar a la pulcra y moderna **Marina Hemingway** unas pocas millas al oeste, que está normal y curiosamente sin yates. Este lugar tiene vida una vez al año gracias al Torneo Hemingway de pesca de la aguja (ver página 91).

Alrededores de La Habana

Los suburbios de La Habana son poco uniformes y no muy limpios, pero en ellos se encuentran un par de lugares relacionados con Ernest Hemingway. De 1939 a 1960, el escritor vivió en la Finca Vigía y fuera de ella. Esta finca es ahora la **Casa Museo Ernest Hemingway** y está en San Francisco de Paula a 11 km. al sudeste del centro (tendrá que tomar un taxi). Aunque no puede entrar a la hermosa villa, curioseando a través de las ventanas y puertas puede ver todas las habitaciones amobladas como él las tenía, cubiertas de afiches de corridas de toros y con más de 9,000 libros que incluyen títulos como *La Guía para cazar y pescar en Cuba*. En la

Los automóviles considerados objetos de colección fuera de Cuba, son un espectáculo común en La Habana.

La finca Vigía de Hemingway. Los trofeos de cabezas de animales se colocaron después de la muerte del escritor.

edificación contigua está su oficina adornada con excelentes fotos y puede recorrer los exuberantes jardines y hallar su bote de motor, el *Pilar*.

Hemingway mantuvo el *Pilar* a 10 km. al este de La Habana en **Cojímar**, el modelo probable de la ambientación de su novela *El Viejo y el Mar*. En el viejo recodo del pequeño pueblo, próximo a una diminuta fortaleza, hay un busto de Hemingway observando la bahía. El escritor frecuentaba el restaurante La Terraza (ver página 142) en los alrededores, lugar digno de visitarse por la gran cantidad de fotos que tiene de él en acción.

Más al este, aproximadamente a 18 km. de La Habana, están las menos encantadoras **Playas del Este**. Ellas son aceptables para un corto descanso de la vida de la ciudad, pero probablemente no deseará pasar todas sus vacaciones aquí. Las grandes y arenosas playas son excelentes pero a menudo azotadas por el viento, mientras las comunidades que las circundan son escasas o están en malas condiciones. Pocos turistas hacen el viaje de 11 km. al sur de La Habana a la ondulada pradera del **Parque Lenin**. El limitado transporte público y la escasez de fondos condujo al cierre de muchas de las atracciones del parque, pero los fines de semanas hay vibrantes espectáculos en un pequeño recinto, el sabor cubano se lo dan los paseos a caballo y los puestos de venta de *guarapo* (jugo de caña de azúcar).

Al sur del Parque Lenin está **Expocuba**, un tipo de parque de exposiciones temáticas estilo soviético, la temática es la Cuba posrevolucionaria. Edificaciones completas se dedican seriamente a mostrar los logros en los campos de la energía, construcción y biotecnología; mientras diferentes salas promocionan lugares de la isla como una feria comercial. Exactamente en dirección contraria, hay un **jardín botánico** maravilloso.

Graham y Ernest

Nuestro Hombre en La Habana de Graham Greene se publicó por primera vez en 1958. No sólo es un retrato evocativo de La Habana sórdida de la década de 1950, con espectáculos en los aún famosos escenarios como los hoteles Nacional y Sevilla y el cabaret Tropicana; es también extrañamente profético como el héroe, el falso agente del servicio secreto inglés Wormold inventa esquemas de armas soviéticas escondidas en los campos cubanos. En 1962, se descubrieron armas nucleares en Cuba durante la Crisis de los Misiles.

Greene fue un gran defensor de la revolución, elogiando a Castro, la guerra contra el analfabetismo, la ausencia de discriminación racial y el apoyo a las artes. Sin embargo, la presencia de los campos de trabajos forzados en la década de 1960 lo molestó mucho.

En cierto sentido, las relaciones de Ernest Hemingway con Cuba son mucho más provechosas a medida que se han insertado en la industria turística. Él escribió dos libros basados en Cuba: *El Viejo y el Mar* y *Islands in the Stream*.

Como residente de larga estancia, marcó muchos lugares con el sello Hemingway: la Finca Vigía (ver página 43), Cojímar (ver página 44), El Floridita (véanse páginas 34 y 140), La Bodeguita del Medio (ver página 139) y el hotel Ambos Mundos (ver página 34). No obstante, a pesar de las fotos amistosas con Castro, las opiniones de Hemingway sobre la revolución son elusivas; sencillamente no existe evidencia confiable que indique si la apoyaba o la condenaba.

PROVINCIA DE PINAR DEL RÍO

El dedo de tierra que señala desde La Habana hacia el oeste contiene parte de la campiña más hermosa de Cuba. El exuberante macizo montañoso de Guaniguanico se desplaza a lo largo de la autopista que va hacia la capital de Pinar del Río. En los campos intensamente verdes que lo circundan, o vegas, se cultivan los dos tercios del tabaco del país. En el maravilloso valle de Viñales, los campos de tabaco y los mogotes de piedra caliza forman un escenario espectacular que parece más del sudeste asiático que del caribe. Los bueyes arando los campos de tierras rojas y los campesinos a caballo, llamados *guajiros*, son escenas comunes.

Después de 63 km. por la autopista, un desvío lo saca hacia los llanos de **Soroa** salpicados con palmeras, donde un jardín botánico dotado con exquisitez se anida en las faldas de las montañas cerca de un pequeño complejo turístico algo aburrido. Una gira guiada le mostrará un jardín de orquídeas, árboles de frutas exóticas con lichis y mangos, plantas de café y espléndidos especímenes de jagüeyes y ceibas. Sobre una montaña cercana, en la villa Castillo de las Nubes, un restaurante tiene unas vistas asombrosas.

Al final de la autopista, la pequeña ciudad de **Pinar del Río** es un bullicioso centro comercial con caballos y carruajes cargando los cerdos que los lugareños crían en las campiñas de los alrededores. A lo largo de la calle principal, José Martí, se encuentra un edificio neoclásico de poca altura pintado de colores

Un orgulloso repartidor de tortas muestra su postre en una acera de Pinar del Río.

Los cultivos de tabaco se extienden a los pies de uno de los muchos mogotes en el valle Viñales.

azules, amarillos, verdes y naranjas, con sus pilares de un color y la fachada de otro. Su grandeza no puede precisarse por su mal estado. Hacia el extremo este de la calle José Martí, hay un museo de ciencias en un extravagante palacio gótico morisco que muestra fósiles y animales disecados. En las casas de las barriadas pobres, los hombres hacen puros y dentro de una vieja prisión, bajo la Plaza de la Independencia, encontrará una **fábrica de tabaco**. Ésta y la menos pintoresca **Fábrica de Ron Garay** en la avenida Isabel Rubio donde fabrican un licor local llamado *guayabita del Pinar*, dan la bienvenida a los visitantes.

La vía al sudoeste de la ciudad a San Juan y Martínez lo conduce a "La Meca del Tabaco", **Vuelta Abajo**, donde crece el mejor tabaco del mundo. En medio de campos de grandes hojas verdes madurando al sol y las plantaciones cubiertas con mosquiteros gigantes que protegen las hojas para confeccionar

Cuba

Los puros cubanos

La imagen de un campesino en la Cuba comunista con un puro grande y grueso entre sus labios parece profundamente irónica. Debido al clima y tierra ideales, los puros cubanos son los mejores del mundo. Las fábricas producen 350 millones al año, con 100 millones para la exportación.

Hay una serie de fábricas de puros alrededor de la isla que puede visitar. Su rico aroma es irresistible. Los hombres y mujeres que enrollan los puros, llamados torcedores, se sientan en algo parecido a los antiguos pupitres de las escuelas y envuelven las hojas de menor calidad con las de mejor calidad con diestra naturalidad. Mientras trabajan, los lectores les leen, ante un micrófono, extractos del periódico y de libros. En otros locales, se clasifican los sacos de hojas de tabaco en fardos, los puros pasan pruebas de control de calidad y se les coloca la prestigiosa etiqueta.

Comprar un caja de puros puede parecer muy difícil. No la compre por la calle a menos que sepa lo que está haciendo. Las cajas parecidas no tienen garantía de autenticidad. En una tienda pida revisar la caja, sacar un puro, ver si le gusta el aroma y comprobar que es muy ligeramente elástico.

Los puros hechos a mano varían en longitud desde $4\,^1/_2$ pulgadas los Demi Tasse a $9\,^1/_4$ pulgadas los Gran Corona. Como regla, los puros más grandes son de mejor calidad, los puros más oscuros saben más dulce. Hay una variedad de marcas cubanas de excelencia. Los Cohibas, creados por el ché Guevara y fumados por Castro hasta que los dejó en 1985, son los más selectos del mundo; con un gusto excelente y aromático. Los Montecristos son aromáticos pero más suaves. La marca H Upmann es todavía más suave, mientras que la Romeo y Julieta es famosa por sus Churchills en estuches tubulares de aluminio individuales. El Partagás es un puro fuerte.

De regreso a casa, mantenga sus puros húmedos, ya sea mediante un humectador o colocando la caja en una bolsa plástica con una esponja húmeda.

Dónde ir

los puros, hay graneros de madera estilo georgiano llamados casas de tabaco. Aquí, las hojas se cuelgan sobre palos cosidas con aguja e hilo para que cambien de color verde a café (se curen).

Alrededor de 27 km. hacia el norte de Pinar del Río se encuentra el rincón más pintoresco de Cuba. El **Valle de Viñales** salpicado con *mogotes*, masas de piedra caliza de gran tamaño cubiertas con gruesa vegetación que son los remanentes de una meseta destruida en el período jurásico. Aquí crece el tabaco (de menor calidad que el de Vuelta Abajo) en áreas de tierras bajas y se secan en casas de tabaco, construidas con techos de hojas (guano). Mientras los *guajiros* arrugados por el sol, masticando sus puros y con enormes sombreros de paja pinchan sus bueyes, las garzas se balancean sobre las cabezas de éstos y los buitres de cabeza rosada se lanzan en picada sobre ellos. Al llegar la noche, los lugareños descansan en mecedoras en los portales de sus rústicas cabañas mirando cómo la puesta del sol pinta el cielo de un vivo color violeta. En cualquier momento del día, recorra los campos y reúnase con los campesinos, quienes pueden asfixiarlo con su hospitalidad (puros, café, etc.) y ofreciéndose a posar para fotografías.

Las mejores vistas del valle las tiene desde el hotel Los Jazmines (ver página 132). El pueblo de **Viñales** está sorprendentemente arreglado con una calle principal con arcos atractivos y escenas rústicas de gran belleza abajo en los callejones. Un par de lugares turísticos tienen valor como curiosidad. En la década del 60, en un *mogote* que está exactamente al oeste del pueblo, trabajadores colgando de cuerdas, pintaron el **Mural de la Prehistoria** que tiene 120 metros de alto y 180 metros de largo. El mural muestra la evolución desde una amonita hasta el dinosaurio y de ahí al *homo sapiens*. Exactamente al norte del pueblo, la inmensa **Cueva del Indio** fue utilizada como escondite por los aborígenes después de la conquista. Una gira por la cueva incluye un paseo en bote por un río subterráneo; el bote fue robado una vez por

Los visitantes se ven pequeños ante tan sólo un segmento del enorme Mural de la Prehistoria.

potenciales emigrantes que infructuosamente intentaron escapar hacia La Florida. Tanto el mural como la cueva tienen restaurantes turísticos aceptables.

Cayo Largo y la Isla de la Juventud

Las dos islas principales en el Archipiélago de los Canarreos, al sur de Cuba occidental, no son muy diferentes. Cayo Largo, es un enclave turístico donde los visitantes nunca están a más de pocos metros de las impecables arenas blancas. Sin embargo, es un lugar de poco ambiente, sin la presencia de cubanos excepto los que trabajan allí. En contraste, la Isla de la Juventud virtualmente no ve turistas excepto los del Hotel El Colony (ver página 132). Ellos vienen exclusivamente por el excelente lugar de buceo (ver página 87) en una playa que está a una carrera en bote desde el extremo sudoeste de la isla.

Cayo Largo

Esta isla de 25 km. de largo es la que está más al este del Archipiélago de los Canarreos y pudiera ser su paraíso si todo lo que busca es playa resplandeciente y mar azul y transparente. Aparte de los manglares, matorrales, media docena de cómodos hoteles con una programación completa de diversiones y deportes acuáticos y un aeropuerto que también funciona como discoteca, no hay mucho más de trascendencia.

Dónde ir

En un extremo de la isla las tortugas hacen nidos en la arena. Al otro extremo, puede ir a navegar, bucear, a hacer pesca submarina o a pasear en bote desde un pequeño puerto hasta **Cayo Iguana** y conocer estos reptiles inofensivos o, hasta **Cayo Rico** para disfrutar de más playas y de un restaurante de pescados y mariscos. Pero el paseo más popular de todos es el que se hace a **Playa Sirena**, una incomparable franja de arena a 10 minutos en bote en donde se sirven langostas al almuerzo.

Algunos paquetes turísticos se centran completamente en Cayo Largo. Aquellos que se aburren fácilmente pueden considerar ir sólo por el día o en paseos nocturnos, en vuelos de media hora desde La Habana o Varadero.

Isla de la Juventud

Es la isla mar afuera más grande de Cuba con alrededor de 50 km. de diámetro y se dice que fue el escenario de La *Isla del Tesoro* de Robert Louis Stevenson donde los piratas enterraban su botín siglos atrás. En la década del 70, la isla recibió su airoso nombre cuando cerca de 22,000 estudiantes extranjeros, principalmente de países africanos simpatizantes políticamente, estudiaban aquí en no menos de 60 escuelas.

Pero la isla no puede vivir de acuerdo a su pintoresco pasado. El número de estudiantes extranjeros descendió a menos de 5,000. Los internados abandonados salpican los monótonos campos del norte de la isla, que están cubiertos principalmente de bosques de pinos y sembrados de toronjas. Aún más aburrida es la mitad sur que está virtualmente deshabitada y

Castro y sus seguidores una vez durmieron aquí: la sala del hospital del Presidio Modelo de la Isla de la Juventud.

constituye una reserva natural pantanosa y boscosa, la que sólo puede recorrer con un guía. Sin embargo, hay muchas playas vírgenes que descubrir y, en **Punta del Este**, en una cueva ligeramente sucia, puede investigar los símbolos enigmáticos dibujados por los indios siboneyes siglos atrás.

Nueva Gerona, la capital de la isla y de más fácil acceso para divertirse, es moderadamente atractiva con su elegante calle principal llena de columnas y toldos rayados. El **Presidio Modelo**, exactamente al este del pueblo, es fascinante. En 1931, el dictador Machado construyó esta copia de una cárcel americana. Está conformado por un enorme edificio circular donde vivían alrededor de 5,000 presos en condiciones inhumanas: dos en cada celda sin puertas ni ventanas, vigilados por un guardia desde una siniestra torre de observación. Después del asalto al Cuartel Moncada, Castro y 26 de sus rebeldes fueron enviados aquí, recibiendo un mejor trato al ser recluidos en el hospital. La sala y la celda en la cual mantuvieron aislado a Castro fue reconstruida y junto a otras habitaciones relatan bien la historia de la prisión.

A Playa Sirena se llega en bote a través de las aguas color turquesa que rodean Cayo Largo.

PROVINCIA DE MATANZAS

Esta provincia, al este de La Habana es, en su mayor parte, una zona plana con caña de azúcar y en el siglo XIX fue realmente la región más importante de Cuba en la producción de caña. Para

Dónde ir

los visitantes de hoy, sin embargo, su importancia está en el complejo turístico de Varadero, con otras posibilidades de pasear por pueblos acogedores y detenidos en el tiempo e incursionar por las zonas pantanosas de la costa sur.

Varadero

Varadero, con decenas de hoteles y restaurantes, bares al aire libre, cafés de comidas rápidas y tiendas de comestibles es como cualquier gran complejo turístico del mundo, razón por la cual no parece ser Cuba. El derroche de complejos turísticos contrasta dolorosamente en esta tierra de penurias, y más aún con los millones que se invierten año tras año en nuevos complejos hoteleros.

La principal atracción es la playa de 20 km. de largo, de arenas blancas, virtualmente ininterrumpida, con aguas de poca profundidad y transparentes que las autoridades describen, en forma poco modesta, como la más bella del mundo. Atraía a los millonarios en la década del 20 quienes construyeron villas palaciegas de veraneo. El turismo propiamente tal comenzó después de la Segunda Guerra Mundial, con la construcción de casinos e instalaciones como el Hotel Internacional.

Actualmente, al margen de la playa, muchas personas no encuentran nada bueno que decir acerca del centro. Éste en verdad está aislado de la Cuba real; hay a menudo un fuerte olor que viene de las torres petroleras en las afueras del complejo y la prostitución y el acoso a turistas es constante y evidente. Además, el

En Cárdenas, la forma más común de transporte son los carruajes tirados por caballos y las bicicletas.

complejo está diseminado en 17 km., sin un centro real, de modo que se necesita transporte para recorrerlo. Tiene a su favor, sin embargo, muchos hoteles muy cómodos, con vida nocturna garantizada y una excelente variedad de deportes acuáticos. Si se aburre de la playa, también se organizan giras a todo lugar imaginable de interés en la isla, incluyendo La Habana que está sólo a una hora y media en automóvil.

Varadero ocupa una franja larga y estrecha de arena con agua a ambos lados y un puente que la une a tierra firme. Las villas llenas de colorido de antes de la revolución, ahora parte de los complejos hoteleros, hacen más atractivo el extremo oeste del centro. Los paseos más populares son en botes con fondo de vidrio que salen desde el Hotel Paradiso en el extremo oeste. Entre las calles 25 y 54 hay algo de vida urbana local, ahí se ven Cadillacs antiguos estacionados en la parte exterior de las cabañas de madera desvencijadas. El área más animada va desde las calles 54 a 64, con centros comerciales, restaurantes, bares a ambos lados de la calle y el **Retiro Josone** que es un bello parque situado alrededor de un lago para botes, bordeado de palmeras.

Los complejos hoteleros más modernos están diseminados a través de varios kilómetros hacia el este, también se encuentra el restaurante **Las Américas** (ver página 133), una opulenta mansión construida por el millonario francés Irenée Du Pont, en 1930.

Matanzas y Cárdenas

Aunque muy cerca de Varadero, estos pueblos típicos de Cuba son un mundo aparte. Sus tiendas más o menos vacías, callejuelas polvorientas y medios de transporte primitivos le permiten a los vacacionistas de Varadero tener una adecuada imagen de la vida diaria cubana.

Matanzas, 42 km. al oeste de Varadero, es muy concurrida y sucia. Al fondo de una profunda bahía, jugó su papel durante el siglo XIX, cuando sirvió como capital azucarera del

Kilómetros de arena y mar azul explican por qué Varadero es el principal destino de los turistas en Cuba.

país. En el Parque Libertad, una plaza clásica y llena de árboles, está el **Museo Farmacéutico**, una farmacia fundada en 1882 que se preserva en forma maravillosa. Tiene cientos de potes de porcelana que llenan los estantes sobre un gran mostrador de mármol y aparadores con botellas de remedios antiguos hechos de extractos de eucalipto y plátano. Detrás del mostrador encontrará los mezcladores y morteros, viejos libros de consulta y registros de recetas antiguas en el dispensario, así como equipos de cobre para destilación en el laboratorio.

El **Hotel Louvre** exactamente al lado, es un gran edificio antiguo en decadencia, con dos patios con helechos, un lugar con mucho ambiente para disfrutar un coctel. En una calle que va hacia la bahía está la **catedral**, obra notable por sus muchos murales, algunos restaurados y otros en mal estado que necesitan una urgente reparación. Un poco más al este, en la Plaza de la Vigía, hay edificios impresionantes entre los que están el **Palacio de Junco** pintado de azul, que alberga un museo provincial de segunda clase y el **Teatro Sauto**. En 1863, se

Esta farmacia en la Bahía de Matanzas fue fundada por el Dr. Ernest Triolet en el siglo XIX.

construyó este encantador teatro que tiene filas de asientos de hierro forjado y un cielo raso con murales; hay funciones la mayoría de los fines de semana.

Las **Cuevas de Bellamar**, a pocos kilómetros al sur, son el lugar turístico más antiguo de Cuba; las cuevas las descubrió, por casualidad, un esclavo chino en 1861. Hay giras por el interior de la inmensa bóveda de la cueva para admirar la gran cantidad de estalactitas y estalagmitas. La suerte ha cambiado para **Cárdenas**, a 15 km. al este de Varadero. En otros tiempos el puerto de exportación de azúcar más importante de la isla, ahora es un lugar desvencijado con largas filas para comprar y decenas de caballos y carruajes que circulan de arriba a abajo por sus calles principales; medio de transporte esencial aquí; no un recurso turístico como lo es en Varadero. La plaza principal con su estatua de Colón, es una característica elegante y el **Museo Oscar María de Rojas** en la Avenida 4 y calle 12 posee una colección de artículos peculiares y variados, desde grilletes de esclavos hasta coches fúnebres del siglo XIX y dos pulgas vestidas para un baile.

Península de Zapata

Ésta es la zona cenagosa más grande en el Caribe, plana como un panqueque y cubierta por pantanos con manglares y

Dónde ir

planicies de pastizales. Su reserva de vida silvestre incluye cocodrilos, manatíes y numerosas especies de aves. Algunas especies sólo existen en Cuba como el pequeñísimo sunsún (el ave más pequeña del mundo) y el tocororo, el ave nacional, mientras otras pocas son endémicas de los pantanos, como el reyezuelo y la polla de agua de la Ciénaga de Zapata. Francamente, es poco probable que vea una vida silvestre interesante a menos que haga, desde Playa Larga, una excursión orientada para ver las aves (ver abajo).

Puede ver los reptiles en corrales en el criadero de cocodrilos en **La Boca**. ¡En este popular lugar turístico puede también tomarse fotos junto a un pequeño cocodrilo y probar la carne de estos reptiles! El pintoresco **Guamá** es un panorama más atrayente, a media hora de viaje en bote desde La Boca por un canal artificial y luego cruzar la enorme **Laguna del Tesoro**. Según la leyenda, el lago recibió su nombre debido a que los indígenas lanzaron sus pertenencias de valor al agua cuando llegaron los conquistadores españoles. Guamá es un grupo de diminutas islas intercomunicadas por puentes de madera. Unos pocos visitantes se alojan en las cabañas de techo de paja (guano) pero la mayoría sólo va para recorrer los puentes de madera, encontrarse con los patos y las garzas y comer algo. Entre mayo y septiembre tenga cuidado con los mosquitos.

Al sur de La Boca viene enseguida **Bahía de Cochinos** (ver página 59). A intervalos irregulares, a lo largo de la carretera, a menudo llena de cangrejos, se encuentran monumentos de concreto en honor de los que murieron durante la invasión en 1961. Hay dos complejos hoteleros con cabañas sencillas y aisladas en la bahía, uno en la tranquila **Playa Larga** (ver página 134) y el otro en **Playa Girón**, donde la ya desaliñada playa está, además, estropeada por un rompeolas de concreto. Sin embargo, el excelente Museo Playa Girón es una atracción importante y sirve de emotivo recordatorio de la fracasada invasión de Bahía de Cochinos.

El paseo Guamá está poblado de estatuas de habitantes del asentamiento taíno.

ZONA CENTRAL DE CUBA

Los turistas normalmente pasan rápido por la zona central de Cuba. Los únicos lugares atractivos para los turistas están en las costas, al sur y alrededor de la bahía de Cienfuegos y en Trinidad y al norte, en el pequeño complejo de Cayo Coco y Cayo Guillermo y Playa Santa Lucía. Dondequiera que se detenga para explorar, podrá sentirse como pez en un acuario: los extranjeros son una novedad y una fuente de enorme interés.

El centro de Cuba está compuesto por cinco provincias: de oeste a este, son Cienfuegos, Villa Clara, Sancti Spíritus, Ciego de Ávila y Camagüey. Cada una se concentra alrededor de una capital provincial del mismo nombre, la mayoría son de algún interés, aunque ninguna como para detenerlo más de un día. El oeste tiene el mejor escenario en las exuberantes montañas de la Sierra del Escambray. Al este de Sancti Spíritus, los pueblos son llanuras sin fin hacia el horizonte. Aquí la caña de azúcar, tan alta como tres hombres juntos, crece en abundancia, se transporta en carretas formando extravagantes peinados de caña y las chimeneas de los ingenios azucareros apuntan al cielo como torres de catedrales. En Camagüey, la provincia de las haciendas ganaderas, los oxidados molinos de agua interrumpen la línea del horizonte y los vaqueros van recostados sobre los caballos con los machetes colgando y los lazos siempre listos.

Dónde ir

Cienfuegos

Situado al fondo de una gran bahía, la mejor característica de este importante puerto (250 km. al sudeste de La Habana) es su ubicación. Pese a las industrias en su periferia, el centro es muy atractivo, con abundancia de pintorescos edificios neoclásicos.

El **Parque José Martí**, una de las más espléndidas plazas del país, es el punto focal. Aquí encontrará las monumentales oficinas gubernamentales con cúpulas rojas, una catedral de principios del siglo XIX con un sorprendente interior dorado, y una casa de la trova (ver página 92) con singular decoración.

Tome una gira guiada al **Teatro Tomás Terry**, que está al lado norte de la plaza. Fue construido en 1890 y se le dio este

---

La Invasión de Bahía de Cochinos

En abril de 1961, una fuerza de 1,297 exiliados cubanos desembarcó en Playa Girón. Los cubanos, que fueron entrenados por la CIA, llegaron desde buques estadounidenses que se encontraban en alta mar; pilotos de EE.UU. habían bombardeado los aeródromos cubanos días antes. Sin embargo, por razones políticas, el presidente Kennedy estuvo renuente a desembarcar tropas estadounidenses u ordenar otros ataques aéreos. Como resultado los 20,000 soldados de Castro, con apoyo de tanques y artillería, rechazaron la invasión en exactamente 48 horas. Alrededor de 1,180 exiliados fueron capturados y canjeados por 53 millones de dólares en alimentos y medicinas. La victoria levantó grandemente el prestigio nacional e internacional de Castro, quien poco después declaró a Cuba un estado socialista de un sólo partido.

Naturalmente, el emotivo museo de Playa Girón presenta los acontecimientos como un gran triunfo contra Estados Unidos y a los exiliados como mercenarios ricos y corruptos. Hay reliquias militares de la batalla y abundancia de fotografías clásicas de guerra, incluyendo una famosa de Castro bajándose de un tanque. Un mural, dedicado a los que murieron, muestra fotografías y pertenencias personales.

El elegante Teatro Tomás Terry de Cienfuegos, donde puede ver el ballet

nombre en honor a un rico hacendado azucarero. El teatro tiene un maravilloso cielo raso decorado con frescos y un semicírculo de filas de asientos. Enrico Caruso y Sara Bernhardt una vez actuaron aquí y los fines de semana puede disponerse a ver una actuación de la mejor compañía de ballet de Cuba.

En el paseo peatonal que enlaza la plaza con el Prado, puede ver una muestra del anticuado sistema de compras de Cuba. El Prado es la vía pública principal que está conformada por un paseo de tres filas llenas de gente y bordeado por edificios de estilo clásico adornados con barandas y arcos hechos con esmero. El Prado lo lleva hacia la franja de tierra que penetra en la bahía más allá de las elegantes villas del litoral. Los turistas se hospedan en el Hotel Jagua (ver página 134) que está próximo al **Palacio del Valle**, un palacio morisco terminado en 1917, con sus techos y paredes cubiertos de mampostería estampada.

A la entrada de la bahía, en el lado oeste, está el **Castillo de Jagua** que los españoles contruyeron en 1732 para protegerse de los piratas (mucho antes de que se fundara la ciudad, en 1819). La fortaleza se encuentra próxima a una bella comunidad de pescadores y junto a un cartel con letras del alto de una casa que saluda la llegada de los buques cisterna con la frase *"Bienvenidos a Cuba Socialista"*. Puede llegar al castillo tomando un pequeño transbordador en el Hotel Pasacaballos al este de la bahía. La **Playa Rancho Luna**, la mejor del área, se encuentra junto al hotel. El **Jardín Botánico**, a 18 km. en las afueras de Cienfuegos, es el jardín botánico más antiguo de Cuba y uno de los jardines tropicales más admirables del mundo (pregunte sobre las giras guiadas a los jardines en la oficina de turismo de Cienfuegos).

Trinidad

La pintoresca y sinuosa carretera de 72 km. que va de Cienfuegos a Trinidad bordea las faldas de las montañas de la Sierra del Escambray. Montañas llenas de vegetación que sirven de telón de fondo a esta ciudad sencillamente embrujadora. La tercera de las siete villas fundadas originalmente por Diego Velázquez se enriqueció posteriormente mediante el contrabando, los esclavos y el comercio del azúcar. Su importante ciudad antigua ha sido dotada de algunas maravillas de la arquitectura colonial española que le confirieron el merecido título de Patrimonio de la Humanidad otorgado por la UNESCO.

Las mansiones restauradas con esmero se han convertido en museos y las galerías de arte, las tiendas de artesanías y los restaurantes ocupan las edificaciones antiguas más hermosas. En sus callejuelas las fachadas de color rosado, amarillo y rosa bordean las calles de adoquines, cuya textura hace juego con las omnipresentes tejas rojas de los techos. El pavimento pronto desaparece, a medida que las calles se empinan y se convierten en senderos que se pierden en las plantaciones de plátanos. Sin tráfico, ni siquiera las bicicletas pueden andar bien por las calles de Trinidad, por tanto reina la paz. Sólo rompen el silencio el canto de los gallos y las multitudes de niños angelicales ansiosos de mascar chicle. Los lugareños dormitan dulcemente en sillones detrás de las grandes ventanas con rejas de hierro forjado o en los bellos jardines de los patios de un verdor floreciente. En pocas palabras, el siglo XX casi no ha penetrado en este lugar maravillosamente apacible.

La ciudad vieja se halla alrededor de la **Plaza Mayor,** un parque que muestra con timidez su hermosura gracias a sus barandas, fantásticos tinajones, estatuas de galgos y edificaciones

El pintoresco Valle de los Ingenios (Valle de las refinerias de azúcar), una fuente de la prosperidad de Trinidad en el siglo XIX.

coloniales pintadas de brillantes colores. A un lado de la relativamente sencilla iglesia, el **Museo Romántico** brinda magníficas vistas desde su balcón y tiene espléndidos muebles aristocráticos. Los otros dos pequeños museos de la plaza tienen atractivos patios y frescos interiores. El **Museo de Arqueología Guomuhaya**, muestra huesos de los indígenas y esclavos junto con algunos animales disecados, mientras que el **Museo de Arquitectura Trinitaria** contiene ejemplos de trabajos en madera, hierro, vitrales y estatuas provenientes de los alrededores de la ciudad.

Algo más interesante es el **Museo Nacional de la Lucha Contra Bandidos**, situado en un convento antiguo, exactamente al norte de la plaza. Los bandidos en cuestión eran rebeldes contrarrevolucionarios, que se alzaron en las montañas del Escambray durante la década del 60. En exhibición hay armamento *yanqui* y un avión de reconocimiento estadounidense capturado, también la hamaca del Ché y una relación de nombres en honor a los que murieron luchando por la Cuba socialista. Sin embargo, la gran atracción es la estupenda vista de 360 grados desde la histórica torre amarilla del campanario, objeto de muchas portadas de folletos de Cuba (ver página 6).

Construido en 1830, una cuadra al sur de la Plaza Mayor, en la calle Simón Bolívar, se encuentra el gran Palacio Cantero. Pilares pintados, pergaminos, conchas, frontones y cortinas embellecen su interior eclipsando los objetos históricos y los muebles antiguos que se reúnen como **Museo Histórico Municipal**.

Más allá aún, como centro de sus andanzas, suba hacia la iglesia de ladrillos en la loma que domina la ciudad, donde los niños vuelan cometas entusiastamente y siga hacia el este hasta la Plaza Santa Ana (ver página 143).

La prosperidad de Trinidad del siglo XIX provino de los frutos de las 50 fábricas de azúcar (ingenios azucareros) cercanas, en el pintoresco **Valle de los Ingenios**, parte también de los lugares de Patrimonio de la Humanidad de la UNESCO. Alrededor de 13 km. al este de la ciudad, en Manacas-Iznaga, puede disfrutar de una casa hacienda colonial y su sorprendente **Torre de Manacas-Iznaga** con forma de cohete. Desde lo más alto de la torre, la familia Iznaga observaba a sus esclavos trabajando en los campos.

Los adictos a la playa deben dirigirse a la **Playa Ancón**, a aproximadamente 12 km. de Trinidad. Esta franja de arena ofrece una buena selección de deportes acuáticos, un arrecife coralino mar adentro y dos hoteles (ver página 135).

Sierra del Escambray

Aunque más compactas que las del este y del oeste de la isla, las **Montañas del Escambray** están cubiertas de exuberante vegetación siendo, indiscutiblemente, las más hermosas de Cuba y fácilmente accesibles. Tome la carretera hacia el oeste de Trinidad hacia la empinada subida de 15 km. a través de bosques de palmas, eucaliptos y pinos hacia el centro de salud de **Topes de Collantes**. Construido para fines de restablecimiento y descanso, este complejo hace gala de sorprendentes instalaciones, aunque le falta mucho en cuanto a estilo de vida.

Una buena carretera (no aparece en algunos mapas), sigue al norte hacia las montañas pasando por cascadas y por **Jibacoa** que es la comunidad principal, situada en un fértil valle sembrado con plantaciones de plátano y café. Jardines de flores rodean las pintorescas cabañas de madera; los caballos y el ganado pastan en los prados a orillas del río y el único tránsito lo constituyen los camiones llenos de *campesinos* con sus sombreros. La vida puede parecer idílica, pero es dura, por eso el gobierno recompensa a los lugareños con raciones extra.

Las planicies más allá de Manicaragua son regiones tabacaleras, algunas de las más ricas de Cuba. Alrededor de 23 km. al oeste de Manicaragua podrá visitar el lago artificial **Hanabanilla**, idílicamente rodeado por colinas salpicadas de palmas. Lo único poco grato en el área es el inmenso Hotel Hanabanilla (ver página 135).

Santa Clara y Sancti Spíritus

Pocos turistas pasan por estas capitales de provincia. Vaya a Santa Clara (a 300 km. de La Habana) un fin de semana, que es cuando sus vecinos

El tranquilo Lago Hanabanilla, con la Sierra del Escambray al fondo.

Durante las tardes de los fines de semana, el parque principal de Santa Clara se llena de una mezcla de música.

crean una alegre atmósfera en la elegante plaza principal. Pudiera coincidir con la actuación de una banda musical en la glorieta, niños de corta edad en tropel que pasean en chivos, paseos en coche y, simultáneamente, con música afrocubana que sale a todo volumen de la edificación barroca de la *casa de la trova* (ver página 92). También en la plaza, en una mansión del siglo XIX, está el **Museo de Artes Decorativas**, cuyas habitaciones están decoradas con una vistosa colección de adornos y muebles cubanos de época y con atractivas porcelanas francesas y chinas. Cerca de la estación de trenes, está el **Tren Blindado** de interés histórico. Aquí, hay pequeñas exposiciones dentro de los tres vagones del tren militar que el ché Guevara descarriló en diciembre de 1958, días antes del triunfo de la revolución.

Sancti Spíritus, a 80 km. al este, tiene una historia más amplia, siendo otra de las villas originales fundadas por Velázquez. No obstante, es probable que lo entretenga sólo por una o dos horas. Desde el agradable parque principal camine dos cuadras al sur hacia la **Parroquial Mayor**, una iglesia amarilla con un campanario cuyos orígenes en los inicios del siglo XVI la hacen la más antigua del país, luego cruce hacia el **Museo de Arte**

Tiempo atrás, Hemingway patrullaba las costas de Cayo Coco en busca de alemanes y aves.

Colonial que está cerca. Esta mansión del siglo XVIII tiene dos patios apacibles y una variedad de habitaciones esplendorosamente amobladas, bañadas con una suave luz que penetra a través de los vitrales de las ventanas.

Cayo Coco y Cayo Guillermo

A estos cayos mar adentro se puede llegar por una carretera al norte de Ciego de Ávila, a través de cultivos de piñas y de la ciudad de Morón, cuya calle principal con diversas galerías es notable por su color rosa fuerte. Finalmente, el camino se convierte en una larga carretera elevada (viaducto) (construida en 1987 y que no aparece aún en la mayoría de los mapas) tan larga (28 km.) que no alcanza a verse la tierra firme del otro extremo.

Cayo Coco no se traduce como Cayo Coconut, como pudiera esperar, sino como Cayo Ibis, como se advierte en *Islands in the Stream* de Hemingway; el autor patrulló estas costas durante la Segunda Guerra Mundial buscando alemanes. Los ibis y otras aves zancudas, algunas veces los flamencos rosados, pueden verse balanceándose en las aguas salobres alrededor del viaducto principal y de otro más pequeño, que une el cayo con **Cayo Guillermo**.

Son sus excelentes playas de arena y las aguas de azul intenso las que atraen a los vacacionistas hacia esta zona. No hay otra cosa de interés: ambos cayos están cubiertos de bosques o gruesa maleza y no están poblados (los únicos cubanos que la visitan son los empleados del centro). Las excursiones se realizan normalmente mediante vuelos contratados desde una pista aérea en Cayo Coco.

Se preparan planes para construir hoteles a lo largo de los 22 km. de playas en forma de concha de Cayo Coco, pero actualmente los alojamientos son limitados. Se dispone de una amplia variedad de deportes acuáticos no motorizados; el buceo y los safaris son populares. El único hotel de Cayo Guillermo ofrece una gama similar de deportes acuáticos a lo largo de sus aguas menos profundas. Si arrienda una motocicleta o un jeep en cualquier hotel, descubrirá muchas playas vírgenes.

Camagüey

Las planicies de pastos para el ganado que cubren la provincia de Camagüey retienen poca agua, tanto que los antiguos pobladores de la tercera ciudad más grande de Cuba (300,000 habitantes) construyeron enormes vasijas de barro para recoger y almacenar agua de lluvia. Estas vasijas, llamadas tinajones, aún adornan muchas de las plazas y patios.

Fundada en la costa norte en 1514, como Santa María de Puerto Príncipe, esta villa pronto se trasladó tierra adentro para escapar de los constantes ataques piratas. El trazado laberíntico de la ciudad se concibió así para desconcertar a los atacantes. Ahora desorienta a algunos turistas que se aventuran por sus estrechas callejuelas.

Camagüey, a alrededor de 550 km. al sudeste de La Habana, no hace gala de ningún rasgo arquitectónico especial o sitios de interés. No obstante, sus encubridoras fachadas viejas esconden patios pintorescos y hay cerca de media docena de parques,

Los tinajones gigantes, un símbolo de Camagüey, pueden verse por toda la ciudad.

Las encubridoras fachadas viejas de Camagüey esconden pintorescos patios en su interior.

cada uno ostenta una antigua iglesia casi en ruinas que aún (normalmente) funciona; la ciudad se enorgullece de su religiosidad. En la principal calle comercial, **Avenida República**, numerosos lugares ofrecen servicios de reparación de relojes, zapatos, lentes y neumáticos. Los vendedores ofrecen tortas muy poco apetecibles y los únicos establecimientos con algo digno de comprar son las tiendas que venden en dólares, invariablemente ocultas a la vista por puertas cerradas.

Cerca de la estación de trenes, está el **Museo Casa de Ignacio Agramonte** llamado así en honor al más famoso hijo de la ciudad, un general de la Guerra de los Diez Años (ver página 16). Éste posee animales disecados de Cuba y de otras partes del mundo, una aceptable galería de arte, muestras de muebles cubanos antiguos, pero más agradable es su patio por los tinajones bajo los árboles de frutas exóticas.

Agramonte nació (1841) en la **Casa Natal de Ignacio Agramonte**, una bella mansión de inicios del siglo XIX en la Plaza de los Trabajadores, enclavada en el centro de la ciudad. Al patriota se le recuerda por medio de artículos personales; la muerte lo sorprendió en una batalla en 1873 y una copia de su partida de defunción se encabeza con "¡Viva España!" Visite la iglesia **La Merced** al lado opuesto, para ver sus descascarados frescos y los venerados objetos que guarda en su cripta.

Una gallarda estatua ecuestre de Agramonte constituye la

pieza central del Parque Agramonte que está hacia el sur. La catedral ocupa un lado del parque y en la **Casa de la Trova** (ver página 92), alrededor de un patio de flores, hay espectáculos musicales la mayoría de las tardes. Una caminata de diez minutos bajando por la Calle Cristo hacia el oeste lo llevará hasta un señorial iglesia del siglo XVIII detrás de la cual se despliega un gran mar de cruces y santos de mármol en un interesante cementerio.

Dejando lo mejor de Camagüey para el final: **La Plaza San Juan de Dios** es una vieja plaza adoquinada rodeada por edificios de un piso, de brillantes colores, que datan del siglo XVIII (dos tienen restaurantes pintorescos; ver página 143) y por una encantadora iglesia amarilla al lado de un antiguo hospital restaurado.

Playa Santa Lucía

En la Playa Santa Lucía, en la costa norte, a aproximadamente hora y media en automóvil desde Camagüey, hay complejos hoteleros diseminados a lo largo de una excelente franja peninsular de arena. Cada uno está enclavado exactamente en la playa. Un excelente arrecife de coral se encuentra mar adentro y resulta maravilloso bucear aquí. Fuera de un par de bares callejeros, la vida nocturna se limita a las diversiones del hotel. El otro único inconveniente son los mosquitos, voraces como en ningún lugar en la isla.

Un servicio de autobuses visita la **Playa Los Cocos**, a alrededor de 5 km. de distancia que es una candidata fuerte al título de la playa más bella de Cuba, con sus aguas azules y abrigadas. Al lado se

Playa Los Cocos, una fuerte candidata a la playa más bella de Cuba.

encuentra una pequeña comunidad de cabañas a orillas del mar con un restaurante de pescados, llamado **La Boca**.

Para contrarrestar el aislamiento de Playa Santa Lucía, a los visitantes del complejo se les ofrece una amplia variedad de excursiones, incluyendo un rodeo en Rancho King, pesca submarina, y paseos en bote y helicóptero por el día a las playas de los cayos vírgenes, como Cayo Sabinal y Cayo Saetía (ver ilustración).

ORIENTE

La antigua provincia de **Oriente** de antes de la revolución (significa "al este") es por su historia y por sus escenarios bastante más interesante que el centro de Cuba. Ella comprende las provincias de Holguín, Granma, Santiago de Cuba y Guantánamo creadas después de la revolución. Sus muchos paisajes impactantes varían desde las exuberantes plantaciones de plátanos y cocos en la costa norte, agrupadas alrededor de cabañas de techo de paja que poco han cambiado con relación a los *bohíos* de los indígenas, hasta los empinados picos de las montañas de la Sierra Maestra, estériles y deshabitados en su lado sur.

La guerra de independencia comenzó aquí durante la década de 1860, y la base de las fuerzas de Castro durante la década de 1950 radicaba en la Sierra Maestra. En Bayamo y Santiago de Cuba y alrededores, que fue posteriormente llamada la Ciudad Heroica por su gran cantidad de patriotas históricos, hay infinidad de monumentos y museos conmovedores que recuerdan éstas épocas.

Provincia de Holguín

La ciudad de **Holguín** (a 760 km. al sudeste de La Habana) es laboriosa y no precisamente atractiva. Si pasa por ella, busque en la plaza principal su Teatro Art Deco, la galería de arte y la presentación ecléctica de exhibiciones históricas en el **Museo Provincial**. El elegante **Museo de Historia Natural Carlos**

Los pescadores se ocupan de sus botes a un lado del puerto de la bella y pequeña Gibara.

de la Torre exactamente al sur de la plaza en la Calle Maceo, en otra mansión colonial, tiene una gran colección de caracoles de deslumbrantes colores.

La provincia mejora considerablemente cuando va hacia el norte donde la campiña es más exuberante. **Guardalavaca**, a 60 km. de Holguín, es el más bello centro turístico de Cuba, rodeado de plantaciones de plátanos y frente a una encantadora playa que atrás tiene un bosque de árboles de uva caleta. Los deportes acuáticos son excelentes aquí y en la igualmente bella playa **Estero Ciego** a 2 km. al oeste.

> **Tipos de combustibles para automóviles/camiones:** sin plomo, regular (gasolina), premium (super), diesel (gasoil)

La excursión más popular del centro turístico es en helicóptero a Cayo Saetía, un islote a la entrada de la Bahía de Nipe. Este es un paraíso de arenas inmaculadas, aguas transparentes y se organizan safaris en jeep para ver la vida silvestre importada, tales como antílopes y cebras.

Cuba

Si su presupuesto no alcanza para eso, en los encantadores alrededores de Guardalavaca hay de sobra para explorar. Puede hacer un viaje en bote al centro de la Bahía Naranjo a un sencillo **acuario** donde puede nadar junto con los delfines. Más al oeste está la **Bahía de Bariay**, con un monumento que afirma que este es el lugar comúnmente aceptado como el sitio en que desembarcó Colón. Más allá está Gibara, un pequeño puerto cautivante y apacible.

Alrededor de 6 km. al sur de Guardalavaca, en medio de una verde foresta de altísimas palmas y de cabañas con techo de paja, está **Chorro de Maíta**, la excavación del camposanto indígena más importante del Caribe. Mirando los 61 esqueletos, que datan de 1490 a 1540, puede notar cómo los cuerpos descansaban en posición fetal en las sepulturas de antes de la conquista, en tanto que después de la conquista, lo hacían en posición cristiana, extendidos y con los brazos cruzados.

A lo largo de la ruta sur hacia **Banes**, un pueblo en ruinas de casas de madera con techos acanalados, los tupidos sembrados de plátanos cubren las laderas de las montañas. Su **Museo Indo Cubano** tiene hallazgos fascinantes de Chorro de Maíta, como collares de cuarcita, vasijas hechas de conchas e ídolos de barro.

Provincia Granma

La provincia toma su nombre del yate que desembarcó cerca de su extremo sudoeste trayendo a Castro, al Ché y sus acompañantes (ver página 19). Arrozales a ambos lados y plantaciones de caña de miles de acres, cubren sus llanas planicies del norte bajo la mirada de las laderas de exuberante vegetación del norte de la Sierra Maestra.

Bayamo (750 km. al sudeste de La Habana) es la modesta capital. Su fama reside en su contribución a la lucha por la independencia en el siglo XIX. Muchas edificaciones tienen una placa recordando a uno u otro héroe, tanto que podría ponérsele el sobrenombre de Ciudad de las Placas. El mayor héroe de la ciudad es Carlos Manuel de Céspedes, llamado nada menos

Dónde ir

que el Padre de la Patria. Cerca del inicio de la Guerra de los Diez Años, el 20 de Octubre de 1868, las tropas rebeldes capturaron la ciudad de manos españolas. El himno nacional, compuesto por Perucho Figueredo, se cantó por primera vez en la iglesia principal.

La **Casa Natal de Carlos Manuel de Céspedes** fue una de las edificicaciones que sobrevivió y es ahora un museo que guarda sus medallas y recuerdos, una imprenta en que se editó el primer periódico libre en Cuba y antigüedades. La casa se encuentra en la seductora y arbolada **Plaza de la Revolución**, donde hay estatuas interesantes de Céspedes y Figueredo uno frente al otro. Las noches de los fines de semana, la plaza parece una gran fiesta con cientos de bayameses con sus mejores ropas, confraternizando y comiendo

En Marea del Portillo, las playas bordeadas de buganvillas atraen a los caminantes solitarios.

La glorieta de Manzanillo tiene arcos dentados, tejas multicolores e inscripciones arábigas.

rosquitas, el dulce local hecho de *yuca*.

Próximo a la Casa de Céspedes está el espléndido **Museo Provincial de Granma**, cuya mejor pieza es una guitarra hecha por un zapatero con 19,109 trozos de madera. No se pierda la encantadora iglesia, cerca de la **Plaza del Himno** donde se cantó el himno nacional.

Al sudoeste de Bayamo, una carretera que pasa por Bartolomé Masó lo adentra en las más impresionantes montañas de Cuba, la **Sierra Maestra**. Algunas pendientes son tan empinadas que un automóvil puede tener dificultades. Viajando una hora en automóvil puede llegar a la Villa Turística Santo Domingo (ver página 137), desde donde parten excursiones hacia el Pico Turquino que está a 1,982 metros, la montaña más alta de Cuba.

Volviendo a los llanos: **Manzanillo** es un puerto industrial importante para la exportación de azúcar. En las noches claras puede ver como el sol se hunde en el mar como una gran bola anaranjada. La ciudad es de pocos encantos fuera de alguna arquitectura morisca extraña en la plaza principal: una glorieta, fuentes como tortas de boda, esfinges y la *casa de la cultura* con un patio de baldosas que ilustra el desembarco de Colón.

La ruta de Céspedes continua directo al sudoeste de

Dónde ir

Manzanillo en los restos de su finca de caña de azúcar (su casa de campo), **La Demajagua**. Aquí, el 10 de octubre de 1868 (ahora día de fiesta nacional), él dio el grito de independencia y la campana que tañó para liberar a sus esclavos se guarda como reliquia en una urna. Más al sudoeste, en la solitaria **Playa Las Coloradas**, el reloj va hacia el 1956. Los pantanos de manglares donde el yate *Granma* de Castro desembarcó se convirtieron en parque nacional, con un pequeño recinto para reuniones conmemorativas.

Los únicos turistas en millas a la redonda se alojan en **Marea del Portillo** en la costa sur. La playa con arenas de color café oscuro de este lugar no puede competir estéticamente con las resplandecientes playas de cualquier otro lugar, pero es un sitio agradable y solitario, con intimidantes montañas desoladas como telón de fondo. Son populares las excursiones a caballo hacia el interior de la sierra.

Desde Marea del Portillo, puede viajar en un jeep con conductor a lo largo de la espectacular carretera costera hacia Santiago. El escenario aquí lo conforman farallones que se precipitan al mar.

Santiago de Cuba

Pase al menos un par de días en la segunda ciudad de Cuba (420,000 habitantes). En una concavidad mirando al sur y rodeada por la Sierra Maestra, está **Santiago de Cuba** (880 km. al sudeste de La Habana), que puede resultar extenuantemente calurosa pero al mismo tiempo de una languidez seductora. Los santiagueros transitan por sus calles llenas de lomas por la acera de la sombra y pasan el tiempo en los agradables balcones voladizos.

Santiago tiene también una particular vitalidad. Su predominante población mulata, una mezcla de españoles, franceses de Haití y gran cantidad de esclavos africanos, es insistentemente amistosa. La tradición afrocubana es fuerte, se refleja en su música (camine por la calle y oirá una mezcla de sonidos saliendo de fuentes invisibles) y particularmente en su carnaval, ahora tristemente una pálida sombra de lo que era antes.

Fundada en 1514, Santiago fue la capital de la isla hasta 1553. En la década del 50, fue nuevamente el centro de los acontecimientos. El ataque al Cuartel Moncada (ver página 20) dio a conocer a Fidel Castro y en la plaza principal, el primero de enero de 1959, fue donde él primero proclamó la victoria.

Los niños cubanos ¿preservarán el comunismo o darán paso a la democracia?

El Viejo Santiago

Castro habló desde el balcón del ayuntamiento en el **Parque Céspedes**. El parque se encuentra en el corazón de la parte más representativa de la ciudad, el **Viejo Santiago**, en una red de calles a pocas cuadras del puerto (feo de por sí y muy industrializado). La zona se domina desde su catedral de campanarios gemelos. Reconstruida en el siglo XIX después de un temblor e incendios, la catedral tiene un bello interior con los asientos del coro tallados y un cielo raso con frescos.

Construida en 1516, la **Casa de Diego Velázquez,** al ser su residencia se considera la casa más antigua en las Américas. Las habitaciones desbordan de belleza con finos muebles y maderas talladas rodeando dos encantadores patios.

Al este de la plaza, la **Calle Heredia** es el foco cultural de Santiago. A pocas yardas tiene la **Casa de la Trova** (sociedad de música). Desde media mañana, casi todos los días, varios grupos ejecutan todos los tipos de música cubana. Los fines de semana, el pequeño escenario se pone fuera y toda la calle

Dónde ir

se cubre de fiesta en una "noche cultural".

Otro lugar en el que puede oír música afrocubana los fines de semanas, es en el **Museo del Carnaval**, bajando por la Calle Heredia. En la Calle Pío Rosado, el **Museo Bacardí** tiene gran variedad de colecciones de arte, arqueología y, más recientemente, de historia.

Todas las calles por estos alrededores son de gran colorido. Dos para escoger son: la Avenida **José A. Saco** (también llamada Enramada), la principal vía comercial cuyos desvanecidos letreros de la década del 50 y sus ostentosas edificaciones recuerdan tiempos mejores y la calle adoquinada **Bartolomé Masó** (conocida también como San Basilio). Luego, baje por **Padre Pico** y llegará al Museo de la Lucha Clandestina. El excelente **Museo de la Lucha Clandestina** está orientado a las actividades del movimiento de resistencia contra el régimen de Batista bajo el mando del mártir Frank País; desde su balcón hay vistas que emocionan.

Hacia el oeste (exactamente al sur de la estación de trenes) se encuentran una fábrica de puros de una sola habitación, que no impresiona al compararla con otras fábricas cubanas de puros, pero es un agradable lugar para visitar, como también la fábrica de **Ron Caney.** Ésta fue fundada en 1838 por Don Facundo Bacardí, pero su familia abandonó el país en 1959 y fue nacionalizada al año siguiente. Las giras incluyen la destilería, la planta embotelladora y las gigantescas bodegas donde el licor se deja añejar en barriles de madera.

Los suburbios de Santiago

Un buen lugar para entrar en contacto con los suburbios de la ciudad es la azotea del bar del espléndido Hotel Cubanacán de Santiago de Cuba (ver la página 136) a 3 km. al este del centro.

A corta distancia puede verse el **Cuartel Moncada** pintado de amarillo, el que asaltó Castro junto con 135 rebeldes el 26 de julio de 1953. El 26 de julio es ahora día feriado y el cuartel se convirtió en escuela y museo. El museo relata los acontecimientos de la ruta de la revolución mediante docenas de fotografías históricas.

Aquí también se muestran varios uniformes rebeldes manchados de sangre, algunos efectos personales de Fidel de su época en las montañas y brazaletes del "26 de julio", el nombre del movimiento de resistencia después del ataque al Moncada. Los orificios de balas sobre la entrada son reproducciones.

Exactamente al norte del puerto está el bellísimo **Cementerio de Santa Ifigenia**, lleno de héroes cubanos. El lugar de honor lo ocupa José Martí, en un inmenso mausoleo octogonal diseñado en forma tal que el sol cae sobre la tumba durante el día. También observe las tumbas de Céspedes y de Frank País; Frank (como los santiagueros lo llamaban) se distingue, como muchos otros, por la bandera cubana y la bandera del movimiento insurreccional 26 de julio.

Excursiones desde Santiago

En un impresionante lugar a 7 km. de la ciudad está el **Castillo del Morro** del siglo XVII (no se confunda con el castillo del mismo nombre en La Habana). Desde su posición en la cima de un farallón, se divisa la entrada del puerto. Rodeado por un foso y con gruesas murallas, presenta exhibiciones sobre los piratas a través del tiempo.

En una ubicación igualmente bella se encuentra la iglesia de tres cúpulas de **El Cobre**, llamada así en honor a las cercanas minas de cobre que nacen a los pies de las exuberantes montañas de la sierra a 18 km. al oeste de Santiago.

En ella se encuentra una estatua de una virgen negra, la Virgen de la Caridad, la santa patrona del país. Los fieles oran a su imagen y colocan ofrendas agradeciéndole sus milagros.

Los paquetes turísticos que visitan el área tienen el alojamiento en hoteles al este de Santiago, que están distribuidos a lo largo de los 40 km. del **Parque Baconao**. Las playas locales de arena oscura pueden no ser atrayentes y los mismos hoteles están aislados, pero hay mucho para explorar en el parque y en la sierra de La Gran Piedra que se alza majestuosamente sobre la costa.

Al este, a lo largo de la costa, un tortuoso camino de 12 km.

Vista de Santiago desde el Museo de la Lucha Clandestina.

sube las montañas hacia **La Gran Piedra**, donde puede subir a pie y dar un vistazo a la parte este de Cuba. Alrededor de 2 km. más allá hay un terraplén, por donde puede ir en automóvil, que lo lleva al **Museo La Isabelica**, una finca cafetalera del siglo XIX con un taller, muebles originales y un patio de concreto donde se secan los granos de café.

La carretera costera continua hasta el **Museo Histórico Granjita Siboney**, la granja desde donde Castro y sus rebeldes salieron para atacar el Cuartel Moncada. Las fotografías y los recortes de periódicos cuentan, en forma prosaica, la historia acerca de los hechos.

A 10 km. más al este se encuentra el **Valle de la Prehistoria**, que ganó el premio a la atracción más singular del país. Las cabras pastan alrededor de 250 inmensas estatuas de tamaño natural de dinosaurios y un gigantesco hombre de la edad de piedra que esgrime un barrote. Un poco más lejos, el **Museo Nacional del Transporte** es casi igual de peculiar. Su colección de automóviles americanos antiguos se está armando mediante el ofrecimiento a los cubanos de Ladas nuevos a cambio de sus viejos Cadillacs. En la **Laguna Baconao**, más al este, se encuentra la escena más pintoresca del parque donde las montañas dormitan detrás de un maravilloso lago. Puede hacer paseos en bote desde un pequeño y horrible zoológico.

79

Cuba

La Provincia de Guantánamo

Usted puede alcanzar los parajes remotos y montañosas del extremo este de Cuba siguiendo a lo largo de la carretera costera desde el Parque Baconao por un memorable y buen terraplén y carretera pavimentada; o bien puede regresar a Santiago. La provincia sólo tiene un destino turístico importante, la pequeña y mágica ciudad de Baracoa. La única razón para detenerse en la poco atrayente ciudad de Guantánamo sería visitar el mirador de la base naval americana.

El paisaje seco y salpicado de cactus de la costa sur comienza a cambiar al seguir a través del extraordinariamente ventoso y singularmente llamado camino de La Farola a través

---

Bahía de Guantánamo (Gitmo)

La Base Naval de Guantánamo ha tenido su cuota de publicidad. Primeramente fue en *"A Few Good Men"*, una película de 1992 protagonizada por Tom Cruise y Jack Nicholson. Luego, en 1994, Estados Unidos alojó alrededor de 15,000 refugiados cubanos aquí, en vez de permitirles permanecer en Estados Unidos.

La base se extiende por 117 km^2 a ambos lados de la bahía y es uno de los más extraños escenarios políticos del mundo. La Enmienda Platt de 1901 le dio el control de Bahía de Guantánamo a la marina de EE.UU. por un arriendo anual ridículo de 2,000 dólares (aumentado a 4,085 dólares en 1934). Castro se negó a cobrar los cheques. Desde la ruptura de las relaciones entre Cuba y EE.UU., ambos países han rodeado la base con campos de minas y los únicos que pueden cruzar la frontera son un puñado de cubanos que trabajan en la base desde antes de la revolución.

La base es completamente autosuficiente, hasta tiene su propia planta desalinizadora para obtener agua dulce. Partiendo del Hotel Guantánamo (ver página 138) un guía lleva a los turistas a una montaña para observar la bahía, allí señala las características de Guantánamo sobre un plano en una habitación parecida a una sala de operaciones. Luego, desde un puesto de vigilancia, usando binoculares rusos, usted puede observar estrellas y franjas, las pistas aéreas, el pueblo de alrededor de 7,000 personas y la ciudad de tiendas de campaña de los refugiados.

Las experimentadas torcedoras de puros en la fábrica de tabacos de una habitación en Santiago, han convertido su ocupación en una ciencia.

de las montañas hacia **Baracoa.** Laderas verdes cubiertas con plantaciones de cacao y coco (la industria local se desenvuelve alrededor de una fábrica de chocolate y cocos) rodean la ciudad en la ribera del mar y todos sus alrededores son playas con palmas y ríos encantadores y sinuosos.

Que Baracoa fue la primera villa fundada por Diego Velázquez en 1511, es indudable. Sin embargo, los lugareños también alegan que Colón primero desembarcó en este lugar (no cerca de Gibara, como la mayoría de los historiadores cree). Ellos insisten en que, al llegar, clavó en el suelo la **Cruz de la Parra**, que se muestra en la iglesia en la plaza principal. Cualquiera que sea la verdad, las pruebas de carbono han establecido que la cruz tiene más de 500 años.

En todo caso, Baracoa no necesita la apelación al vínculo con Colón. Un buen lugar para relacionarse es el Hotel El Castillo (ver página 138) en la cima de una loma desde donde se observan los antiguos techos de tejas rojas, la bahía de la ciudad en forma de concha y la histórica montaña conocida como El Yunque, llamada así por su singular forma. Las calles más abajo son ensoñadoras por su personalidad. En la Calle Antonio Maceo puede encontrar personas haciendo fila, en la

Cuba

Casa del Chocolate, para tomar chocolate caliente bajo el sol tropical. Al lado opuesto se encuentra una encantadora casa de la trova (sociedad musical) con actuaciones en la azotea. La plaza principal, un poco más allá, tiene un impresionante busto de Hatuey, el bravo líder indígena que se rebeló contra los conquistadores hasta que fue capturado por los españoles y quemado en la hoguera. También haga el recorrido a lo largo del **Malecón**, la avenida junto al mar, desde el bien protegido **Fuerte Matachín** (con un pequeño museo) hasta el Hotel La Rusa, nombre en honor a una fascinante emigrante rusa que a través de los años alojó celebridades, desde el Ché y Fidel hasta Errol Flynn. Por último, no pierda la oportunidad de venir aquí en la semana del primero de abril cuando todas las noches las fiestas en las calles conmemoran el desembarco del General Antonio Maceo en la cercana Playa Duaba en 1895, señalando el inicio de la Guerra de Independencia.

Los vivos y los extintos se mezclan: cabras y dinosaurios juntos en el Valle de la Prehistoria.

QUÉ HACER

DE COMPRAS

Hay poco que valga la pena comprar en Cuba fuera de los recuerdos obvios tales como camisetas, botellas de ron y puros. No obstante, curiosear es absolutamente fascinante y da una visión profunda de la desastrosa y anticuada economía de Cuba.

En las tiendas de los hoteles encuentra artículos básicos como agua mineral, jabón y pasta de dientes, pero muchas medicinas y cosméticos se consiguen con dificultad, cuando los hay, y pueden ser muy caros; por tanto, traiga de casa todo lo que necesite.

Un puesto del mercado de artesanías de Trinidad muestra un aumento en los recuerdos cubanos a la venta.

La calle principal de Cuba

Lo más probable es que no encuentre nada que comprar en las calles cubanas. La mayoría de las tiendas son lugares vacíos y grises y sólo aceptan pesos. Muchos artículos, como ropa y alimentos, sólo pueden comprarse con una libreta de racionamiento. Las tiendas que venden artículos no racionados están generalmente llenas de cachivaches poco deseables.

Dos acontecimientos recientes, sin embargo, han cambiado radicalmente la cara de las calles cubanas. Primeramente, en 1993 se permitió que los cubanos utilizaran legalmente dólares y, en consecuencia, se abrieron tiendas en todo el país para comprar con dólares. Actualmente las filas se forman fuera de las tiendas sin anuncios, aún en los más pequeños pueblos rurales, en las que los residentes esperan para comprar ropa nueva, cigarrillos extranjeros y comestibles como chocolate y aceite para cocinar. En segundo lugar, en 1994, se les dio permiso a los campesinos para vender alimentos directamente a los clientes. Ahora, cada pueblo tiene un mercado agropecuario (mercado privado) donde la carne y los víveres se venden en pesos a precios astronómicos.

Recuerdos para comprar

La mayor ganga es una caja de puros (ver página 48) que cuesta aproximadamente cuatro veces menos que fuera del país. Las botellas de ron (ver página 97) también le permiten grandes ahorros. Cuando compre puros y ron tenga en cuenta los límites aduaneros (ver página 127).

Los discos compactos y los cassettes de música cubana están ampliamente disponibles aunque la variedad es limitada: asegúrese de adquirir cualquier grabación que encuentre de las excelentes bandas contemporáneas que se mencionan en la página 89. Instrumentos musicales como maracas y claves son regalos buenos y baratos. Las artes y la artesanía locales van desde figuritas baratas hasta agradables pinturas de escenas de calles y retratos posmodernistas. Los afiches evocativos y las fotos en blanco y negro de Fidel, del Ché y

Las fábricas de puros que están abiertas a los turistas tienen, a menudo, su propia tienda bien abastecida.

Qué hacer

otros cuyas caras aparecen también en muchas camisetas, son generalmente los más atrayentes. Si desea leer acerca de la economía y la política cubanas desde su propio punto de vista, existen numerosos libros a la venta.

Dónde comprar

Las tiendas de los hoteles venden camisetas, ron y, muchas veces, puros. Los mejores hoteles también tienen boutiques de moda. Frecuentemente, los puestos de artesanía se instalan alrededor de la piscina. Las tiendas ARTEX, que se encuentran a lo largo y ancho de Cuba, venden artículos culturales como cassettes y libros. Las fábricas de cigarros que pueden visitar los turistas tienen una tienda afiliada de venta de puros Algunas ciudades tienen mercados de artesanías y puede disfrutar pagando directamente a los lugareños. Para compras en el aeropuerto, ver la página 106.

En la Habana Vieja hay más cosas interesantes que comprar que en todo el resto de Cuba. De un lado a otro de la Plaza de la Catedral puede encontrar, casi siempre, un animado mercado de artesanía, con artes provocativas y encantadores sombreros hechos de fibras de hoja de palma, mientras que la Plaza de Armas está ocupada por vendedores de libros usados. A lo largo de la Calle Obispo hay pequeñas e intrigantes tiendas de artes y artesanías como empotradas en la pared. El excelente Palacio de la Artesanía (en las calles Cuba y Tacón) es un supermercado de recuerdos dentro de una elegante y antigua mansión. Los precios son elevados pero la variedad de camisetas, puros, música y artesanías (busque los Cadillacs de juguete hechos en casa) son inmejorables en Cuba. El Bazar La Travesía (en O'Reilly frente al Floridita) vende una amplia gama de collares, máscaras e imágenes de dioses relacionados con los cultos de la santería (ver página 35). Sobre El Floridita, se encuentra La Casa del Ron que tiene la selección de ron más impresionante de la isla, desde añejos de cien dólares hasta media docena de marcas nacionales de ron con sabor a granadina, menta o plátano.

Trinidad tiene la mejor variedad de tiendas de artesanías del país. Los exquisitos cuadros de la ciudad y las pinturas escogidas de artistas cubanos, como Wifredo Lam, constituyen un espléndido regalo. Hay también un activo mercado de artesanía en la calle Colón al sudeste de la calle Antonio Maceo.

DEPORTES

La mayoría de los complejos hoteleros tienen canchas de tenis, una cancha de vóleibol y sesiones de aeróbicas. Para un país que utiliza la fuerza equina en la mayor parte de su transporte, no es sorpresa que en casi todos los complejos sea posible pasear a caballo. El campo de golf de Varadero, en el Club de Golf Las Américas, se ha ampliado recientemente a 18 hoyos.

Deportes acuáticos

En Cuba, los aficionados a los deportes acuáticos son especialmente bien atendidos. Virtualmente todos los complejos ofrecen tablas de vela, catamaranes, canoas, esquí tirado por motos acuáticas y esquí acuático. Como en cualquier lugar del mundo, los deportes motorizados son caros. Los centros de deportes acuáticos están afiliados casi siempre a un hotel determinado, pero cualquier persona puede usar los equipos que se arriendan.

Cuba afirma estar rodeada por uno de los arrecifes de coral más grandes del mundo y por más de 1,000 buques hundidos. Hay tantos peces tropicales, como pez ángel, chernas, pez loro, anguilas morenas y esponjas, que la isla puede sentirse como nadando en un acuario.

El buceo es el deporte acuático número uno. Las instalaciones son generalmente excelentes y los precios son los más bajos en el Caribe. Casi todos los complejos tienen al menos un centro de buceo profesional que cuenta con todos los equipos necesarios, desde tanques de oxígeno hasta trajes de buceo. La mayoría de los centros ofrecen cursos de buceo de una semana con calidad reconocida internacionalmente (por CMAS o PADI) y también cursos introductorios de dos días.

Cuba acepta todos los niveles de experiencia de buceo. Aquí, los que se inician dan sus primeros pasos.

Desde los complejos puede ir a decenas de sitios de buceo, típicamente a media hora de viaje en bote. El centro de buceo en Hotel El Colony en la Isla de la Juventud (ver página 132) ofrece las mejores instalaciones y buceo, pero no es apropiada para los que se inician. Hay 54 sitios escogidos, incluyendo cuevas, naufragios y la columna de coral más alta del mundo, según se afirma. Los complejos que aceptan todos los niveles de habilidad incluyen los de Cayo Largo, Varadero, Playa Girón (con buen buceo en las inmediaciones de la costa), Playa Ancón, Cayo Coco, Guardalavaca y Playa Santa Lucía.

La lucha de un hombre viejo con un tenaz pez aguja y voraces tiburones, en *El Viejo y el Mar* de Hemingway, inmortalizó la pesca de alta mar en Cuba. Los yates salen desde los complejos de la isla y de Marina Hemingway en La Habana en busca de peces como el pez aguja, pez peto o pez espada. Además, hay expediciones cercanas a la costa en busca de peces más pequeños como tarpón, róbalo y caballa. Para pesca de agua dulce, los lagos Hanabanilla y Zaza (cerca de Sancti Spíritus) tienen róbalos de boca grande sorprendentemente grandes y abundantes.

Espectáculos deportivos

Las playas de Cuba ofrecen diversión tanto para los aficionados al mar como para los que prefieran tierra firme.

Cuba considera las hazañas deportivas muy importantes para su reputación internacional. Por lo tanto, invierte grandes sumas de dinero en el entrenamiento de sus deportistas, particularmente boxeadores y atletas de campo y pista. En 1991, ganó más medallas que Estados Unidos en los Juegos Panamericanos. Usted mismo puede ver un ejemplo de este entrenamiento intensivo en la Academia de Gimnasia en La Habana (ver página 36).

El deporte nacional es el béisbol. Los equipos cubanos están entre los mejores del mundo, probablemente en segundo lugar después de los equipos de los EE.UU. Mientras en todos los pueblos los niños improvisan con un bate y cualquier pelota en los espacios abiertos, las ciudades principales disponen de grandes estadios. Puede ser difícil descubrir exactamente cuando hay un partido, simplemente pregunte. Los espectadores son extraordinariamente apasionados, tan fanáticos como para reunirse en el Parque Central de La Habana para comentar airadamente sobre los últimos juegos y los resultados.

ESPECTÁCULOS

Aunque la actividad cultural ha estado bajo control estatal desde que triunfó la revolución, y La Habana ya no está llena de los clubes infames fundados por la mafia en la década del 50, tanto la alta cultura como la más terrenal vida nocturna son prósperas en Cuba. El único problema es que fuera de los complejos turísticos puede ser difícil saber qué ocurre y dónde. En los complejos turísticos, la vida nocturna se centra en los hoteles y va desde buenas orquestas, bailes y desfiles de modas hasta los horriblemente imitados cante conmigo de los Beatles.

Cabaret

Aunque se encuentre con el panorama de retozonas bailarinas cubiertas con poco más de un hilo y un par de estrellas estratégicamente colocadas, vea un gran espectáculo de

> ### Una mezcla de ritmos
>
> La salsa, la rumba, el mambo y el cha-cha-chá son ritmos cubanos conocidos en todo el mundo. Reflejando la herencia mestiza de su pueblo, la música cubana surgió hacia los finales del siglo XIX a través del "amor entre los tambores africanos y la guitarra española" En una banda típica cubana de hoy, escuchará instrumentos de cuerda latinos en armonía con bongóes africanos, *congas* y *batás* (todos tambores), *claves* (barras de madera) e instrumentos hechos de güiras como las maracas y el *güiro*.
>
> Primero vino el son, que impregnó toda la música cubana y es el antepasado directo de la salsa. Mezclado con influencias de jazz, produjo los sonidos de la charanga de grupos como Los Van Van, Isaac Delgado e Irakere. El cha-cha-chá llegó en la década del 50, habiéndose desarrollado a partir del animado mambo que en su época fue una mezcla de jazz y el suave *danzón* europeo de salón. La rumba africana se tipifica como un baile más erótico, de festejos y alusiones religiosas. Las trovas, o baladas, fueron contadas en tiempos de la colonia por trovadores en casas de la trova (ver página 92). Desde el triunfo de la revolución, la *trova* se incorporó a la *nueva trova*, tan cantada por Silvio Rodríguez y Pablo Milanés.
>
> ¿Confundido? Descanse, seguro que hay una canción que pronto reconocerá y esa es Guantanamera. Ella se difunde como un himno cubano no oficial, con versos escritos por el patriota José Martí.

canto y baile en toda su sensualidad (por decirlo así) antes de hacer su evaluación final. Puede ser frívolo, pero no obsceno. Junto con los cimbreantes movimientos de caderas encontrará deslumbrantes atuendos que brillan en las impresionantes coreografías de baile, enardecedoras canciones acompañadas por una gran orquesta e, incluso, acrobacia. Pero, este no es todo el "manjar" turístico: en muchas ciudades de provincia, el hotel local presenta, junto a la piscina, un mini cabaret los fines de semana por la noche.

En un resplandeciente recinto al aire libre el Tropicana de La Habana es la consumación de todos los cabarets. Fundado en 1939, artistas como Nat King Cole actuaban aquí antes de la revolución. Ahora, sólo el tamaño del espectáculo, con una orquesta de 32 instrumentos y un elenco de más de 200 artistas (algunas desfilando con tocados increíblemente altos) desborda los sentidos. El espectáculo regularmente comienza a las 9:30 p.m. y, en ciertas épocas del año, se presenta más tarde un segundo espectáculo más pequeño. Hay también un restaurante y una discoteca. Los arreglos para las reservas y el traslado se hacen en su hotel (puede ir en forma independiente, pero la sede, ubicada en los suburbios de Marianao en las calles 72 y 43, es difícil de encontrar). En La Habana, el espectáculo de cabaret del Hotel Nacional (ver página 131) es el que sigue en calidad, es más pequeño y las funciones son en las noches a las 10:30 p.m. y 12:15 p.m.

El Tropicana de Santiago de Cuba, en un enorme complejo recientemente construido en las afueras hacia el norte (indicado en un anuncio en la Plaza de la Revolución), es casi tan impresionante como el de La Habana, pero más sencillo y menos llamativo. De los dos espectáculos nocturnos (desde las 10:00 p.m.), el primero es más romántico y el segundo más animado.

En el complejo de Varadero, el Cabaret Continental del Hotel Internacional (ver página 133, espectáculos todas las noches de 8:30 p.m. a 3:00 a.m.) palidece en comparación con los lugares anteriores; sin embargo, es un lugar agradable

Calendario de actividades

Resulta difícil conseguir información confiable sobre las actividades. Comuníquese con la oficina de turismo o una agencia de viajes especializada antes de hacer planes.

Enero: *Carnaval, en Varadero*. Dura el mes completo, con fiestas en las calles por las noches y desfiles una vez a la semana. En los Hoteles se dan clases y hay competencias de bailes cubanos.

Febrero: *Festival Internacional de Jazz*, en La Habana. Cada dos años, de una semana de duración, reúne los mejores artistas de jazz de Cuba y del mundo; cuenta con talleres, conferencias, ensayos abiertos al público y actuaciones.

Mayo: *Torneo Hemingway de la Pesca de la Aguja*, en Marina Hemingway, en La Habana. De cuatro días de duración, comenzó en 1950 y Castro lo ganó en 1960.

Julio: *Carnaval, en Santiago de Cuba*. Se suspendió entre 1990 y 1993 debido a las restricciones económicas. Son los carnavales más famosos de Cuba y se han revivido gradualmente, con comparsas (bailes callejeros) tales como congas en diferentes barrios de Santiago (municipios) y por la Avenida Garzón. Dura una semana, se centra alrededor del 26 de julio, y tradicionalmente ligado con el final de la zafra o cosecha y procesamiento de la caña de azúcar.

Noviembre: *Festival Internacional de Ballet de La Habana*. Una reunión y actuación de las compañías de ballet de primera línea del mundo que comenzó en 1960 y se celebra cada dos años.

Diciembre: *Festival del Nuevo Cine Latinoamericano, en La Habana*. El festival de cine más importante del mundo hispano parlante.

y algunas veces un hermoso escenario de canciones y bailes. Por las noches a las 10:30 p.m. en la caverna en la Cueva del Pirata, a alrededor de 9 km. al este de Varadero, se presenta un gracioso espectáculo con un tema de piratas.

Otros lugares con música en vivo

No tendrá que salirse de su ruta para oír música en vivo. Por todo el país, pequeños grupos de músicos tocan en todo lugar imaginable, desde los aeropuertos a los restaurantes y sólo recorriendo las calles de La Habana por una noche es probable que encuentre alguna embriagadora fiesta en una callejuela con una banda tocando.

En todos los pueblos, puede escuchar buena música en la *casa de la trova*, normalmente una elegante edificación antigua o cerca de la plaza principal. Las actuaciones son tanto de aficionados como de profesionales, libres y sin protocolo, lo que produce un maravilloso ambiente. Éstas se llevan a cabo durante el día para el disfrute de los turistas y los fines de semana por la noche para los lugareños. La casa de la trova más famosa se encuentra en Santiago (ver página 75) y las de los pueblos como Baracoa y Camagüey son especialmente encantadoras.

Uno de los momentos más moderados del espectáculo en el Cabaret Continental.

Probablemente, el mejor lugar del país de música salsa y jazz en vivo está en el ligeramente anticuado Hotel Riviera (Paseo y Malecón, Vedado, La Habana). Aquí, desde la medianoche (excepto los miércoles), actúan los mejores grupos de salsa de Cuba en el

Palacio de la Salsa (bailar es la orden del día) y los jazzistas entretienen a los bebedores en el bar contiguo, de jueves a domingo desde las 9:00 p.m.

Discotecas

Maracas, tambores, guitarras y bajo: la clásica fusión de los sonidos europeos y africanos.

En las discotecas se escuchan tanto los ritmos latinos como los occidentales. Las discotecas del Hotel Meliá Cohiba (ver página 131) y la del hotel del mismo nombre de Santiago (ver página 137) son acontecimientos deslumbrantes; también visite El Galeón, es un supuesto barco pirata que zarpa desde los bajos de la fortaleza de La Cabaña en La Habana. La mejor de Varadero es La Bamba en el Hotel Tuxpan. En Guardalavarca, diríjase a La Roca, al aire libre, ubicada justo sobre la playa.

Las discotecas cubanas para lugareños, en las que encontrará algunos bailes fenomenales, dosis letales de ron y una atmósfera embriagadora, se encuentran en la plaza principal de muchos pueblos: los lugareños se aglomeran en la puerta pero a los extranjeros normalmente los hacen pasar.

Desfiles de moda

La casa de modas del país se llama La Maison, ubicada en La Habana en la Avenida 7ª y Calle 16, Miramar y, en Santiago, en la Avenida Manduly y Calle 1ra, Vista Alegre. Los desfiles se realizan cada noche a las 9:30 p.m. en un patio arbolado detrás de grandiosas villas llenas de boutiques que exhiben los trajes de las modelos.

El repertorio clásico

Se puede disfrutar de dramas, operas, recitales clásicos y, sobre todo, del ballet en los teatros de toda Cuba. Teatros opulentos y antiguos, como los de Cienfuegos, Camagüey y

Matanzas, sin mencionar el suntuoso Gran Teatro de La Habana, son lugares de interés por derecho propio. La mejor forma de descubrir lo que acontece es yendo al teatro: en muchos casos, las actuaciones se limitan a los fines de semanas.

El Gran Teatro de La Habana en las calles Prado y San Rafael tiene varias salas de conciertos y presenta un amplio repertorio de programaciones, desde recitales de ópera hasta ballets. Es la sede del renombrado Ballet Nacional de Cuba; si se entera de que la compañía (o el algo más innovador, Ballet de Camagüey) está actuando, asegúrese de adquirir entradas.

NIÑOS

En los complejos, los bebés aficionados al agua estarán felices y los de alrededor de 10 años o más podrán participar en muchas de las actividades. Algunos complejos hoteleros, como el de Cayo Coco, tienen un club infantil y los hoteles de primera organizan guarderías infantiles. Fuera de los complejos, sin embargo, sólo los niños más entusiastas y curiosos enfrentarán con alegría los rigores del viaje, aún cuando los cubanos los consientan.

En algunos pueblos de provincia, los pequeños pueden pasear en carruajes tirados por chivos los fines de semana.

SALIR A COMER

Es algo paradójico que una tierra tan fértil como Cuba deba tener semejantes problemas para alimentar a su pueblo; pero, durante el Período Especial la escasez de alimentos se ha vuelto seria. Sin embargo, los que tienen dólares (por ejemplo, los turistas) son inmunes a esas penurias.

No obstante, no vaya a Cuba esperando tener experiencias gastronómicas memorables. Pese a que la fusión de las tradiciones culinarias españolas y africanas en la cocina criolla suena interesante, los resultados son generalmente débiles (pregunte si existe una especialidad de la casa, normalmente son los platos más interesantes que se ofrecen). Muchos hoteles van a la segura, ofrecen comida internacional.

Dónde comer

Si se encuentra en un centro turístico, puede terminar haciendo casi todas sus comidas en el hotel. Los grandes hoteles tienen frecuentemente, además del restaurante principal, una parrillada alrededor de la piscina y un café al lado de la playa.

Los restaurantes se dividen en dos grandes categorías: aquéllos para turistas, donde hay buena comida y se debe pagar en dólares y aquéllos para los cubanos, donde la comida cs limitada y de mala calidad, la demora es grande

No hay escasez para los turistas: el buffet (la mesa sueca) de un hotel es un virtual cuerno de la abundancia.

y se paga con pesos. Ya que los locales ahora pueden usar dólares, esta división ha disminuido: Los cubanos comen en los restaurantes con dólares menos caros y en algunos establecimientos que reciben dólares y pesos.

En los complejos hoteleros y en los alrededores de La Habana, los cafés ofrecen sándwiches (casi siempre jamón y queso) pero de otra forma es difícil encontrar un bocadillo en Cuba. Conseguir alimentos para un picnic es aún más difícil: las tiendas de los hoteles venden paquetes de galletas y papas fritas; los mercados campesinos privados venden frutas en pesos.

Es normal que lo inviten a comer en una casa privada (casas particulares o paladares) donde se paga en dólares. Por un tiempo operaron clandestinamente fuera de la ley, pero en 1995 el gobierno las legalizó. La comida es normalmente mejor que en muchos restaurantes y su costo es considerablemente menor. Consulte el precio de una comida completa antes de sentarse. El dueño no comerá con usted, pero puede haber un ambiente familiar mientras disfruta su bistec o langosta en el portal de una vivienda.

Qué comer

El desayuno puede ser la mejor comida del día, pues muchos hoteles ofrecen buffets con frutas frescas, jugos de fruta, quesos, carnes y panqueques. A menudo hay huevos, preparados a la orden. En los hoteles más modestos, los sándwiches y las tortillas son generalmente el plato principal.

Fuentes de ensaladas, racimos de plátanos, trozos de melón, gran surtido de tortas, una selección de pescados, carnes y pastas: a los de naturaleza sensible les puede parecer molesta la abundancia de los buffets en los hoteles de primera, mientras que la gente del lugar tiene tan poco que comer.

Restaurante de pescados en la Playa Santa Lucía, situado sobre las mismas aguas donde se pescó la cena.

Los que tienen buen apetito descubrirán que los buffets son muy convenientes. La comida es "internacional" en vez de la típica cubana.

La mayoría de los restaurantes sirven platos de la cocina cubana criolla. Su principal componente es arroz y frijoles, *moros y cristianos* (arroz y frijoles negros cocinados juntos) o *congrí* (arroz con frijoles colorados cocinados juntos) que se come típicamente en Oriente. La carne de acompañamiento es frecuentemente pollo o cerdo asado.

Comúnmente, se ofrece pescado blanco fresco y simplemente a la parrilla; numerosos restaurantes sirven langosta, por cierto precio. Los acompañamientos más comunes incluyen vegetales que crecen bajo tierra como *malanga* y *yuca* y plátanos fritos, *maduros* o verdes (*tostones*). Quizás no le guste el postre de pasta de *guayaba con queso* pero le encantará el delicioso helado Coppelia que se hace en todo el país.

Cuba

Bebidas

La bebida nacional es el *ron* que se produce a partir del jugo de la caña y melazas, los sobrantes de la fabricación del azúcar. Al ron no añejado se le llama aguardiente y es de alto grado alcohólico. El ron de 5 a 7 años de añejamiento se oscurece y se aromatiza en barriles de roble y se debe beber solo o con hielo.

Los cocteles cubanos usan ron blanco de uno a tres años de añejamiento. Algunos cocteles han logrado connotación folclórica: Hemingway tomaba sus mojitos (azúcar, jugo de limón, hielo, menta fresca, ron, y soda) en La Bodeguita del Medio (ver página 139) y sus daiquirís (azúcar, limón y ron batido con hielo frappé) en El Floridita (ver página 140). Menos exótico es el cuba libre, sencillamente ron y bebida cola, a menudo se sirve con una tajada de limón.

Muchos cocteles cubanos a base de ron ya son parte del folclor.

Las marcas nacionales de **cerveza** incluyen la Hatuey, Cristal, Mayabe y Bucanero, todas de buen gusto, particularmente la Hatuey. Sólo los restaurantes más caros sirven **vino** y la gama se limita normalmente a unas pocas botellas importadas.

Como bebida, pruebe el maravilloso y dulce *guarapo,* que es el jugo puro de la caña de azúcar que se exprime ante sus ojos, y un *granizado*, hielo picado y saborizado que se sirve en conos de papel y se compra en los carritos callejeros que están en todos lados.

El café es abundante en Cuba. Pida ya sea un café cubano, que se sirve expresso y que tradicionalmente se toma con una gran cantidad de azúcar, o bien un café americano, que es más ligero y se sirve en una taza grande.

ÍNDICE

Cuando se indica más de una página de referencia, el número en **negrita** se refiere al vocablo principal. Los números de página en *cursiva*, se refieren a una ilustración.

Agramonte, Ignacio 68
azúcar 15, 23, 55, 53, 74

Bacardí, Don Facundo 77
Bahía de Bariay 72
Bahía de Cochinos 22, 25, 57, 59
Banes 72
Baracoa 81, 92
Bartolomé Masó 72
Base Naval de Guantánamo 24, 24, 25, 80
Batista, Fulgencio 18, 19, 25, 38, 42
Bayamo 72
bebidas 97-98
béisbol 86
Boca, La 57
buceo 86-87

cabaret 29, 89-90
Camagüey 67-69, 68, 92, 94
    Casa Natal de Ignacio Agramonte 68
    Merced, La 68
    Museo Ignacio Agramonte 68
    Parque Agramonte 69
Cárdenas 53, 54-56

casa de la cultura 72
Casa de la Fábrica de Ron Garay 47
casa de la trova 69, 76, 92
Castro, Fidel 19-25, 35, 38, 45, 48, 51, 52, 59, 70, 76, 78, 80, 84, 91
Cayo Coco 58, 66-67, 87, 94
Cayo Guillermo 66-67
Cayo Largo 50-51, 87
Cayo Sabinal 71
Cayo Saetía 71
Céspedes, Carlos Manuel de 15-16, 30, 72-74, 78
Chorro de Maíta 72
Cienfuegos 59-61, 94
    Castillo de Jagua 60
    Palacio del Valle 60
    Playa Rancho Luna 60
    Teatro Tomás Terry 60, 60
Cobre, El 78
Colón, Cristóbal 13, 13, 25
comida 95-99
compras 83-86
comunismo 7-9, 20-24
Crisis de los Misiles 23-25
Cueva del Indio 49-50
Cueva del Pirata 92
Cuevas de Bellamar 56

Demajagua, La 75
deportes 86-88

embargo comercial 22, 23, 37
Enmienda Platt 18, 25
esclavitud 13, 15, 25, 75
Espectáculos 88-94
Estero Ciego 71

Figueredo, Perucho 73

García, Calixto 16
Gibara 71, 72
Gómez, Máximo 16
Gran Piedra, La 79
Granjita Siboney, La 79
Greene, Graham 45
Guamá, 56
Guanabacoa 35
Guardalavaca 71, 87, 93
Guerra de los Diez Años, La 16, 25
Guerra entre España y Estados Unidos 17
Guevara, Ernesto 'Ché' 7, 19, 20, 21, 48, 65
Guillén Nicolás 26

Habana, La 10, 11, 12, 24-45
   Academia de Ciencias 37
   Academia de Gimnasia 36
   Bazar La Travesía 85
   Bodeguita del Medio, La 29, 32, 45, 98
   Castillo de la Cabaña 29
   Calle O'Reilly 29
   Calle Obispo 32
   Calle Obrapía 29, 33
   Capitolio 37, 38
   Casa de África 33
   Casa de la Obrapía 33
   Casa de los Árabes 33
   Casa de Puerto Rico 34
   Casa del Ron, La 35
   Casa Natal de José Martí 35
   Castillo de la Real Fuerza 28
   Castillo de los Tres Santos Reyes Magos del Morro 38
   Castillo del Morro 29
   Centro Habana 39-40
   Centro Cultural WifredoLam 32
   Cojímar 44
   Cementerio Colón 41, 42
   Convento de Santa Clara 35
   Parque del Coppelia (heladería gigante) 41
   Supermercado Diplomático ("La Diplo") 43
   Expocuba 45
   Fábrica de Tabacos Partagás 40
   Floridita, El 34
   Fortaleza de San Carlos de

la Cabaña, La 38
Gran Teatro 36
Habana Vieja, La 27-39
Hotel Inglaterra 36
Hotel Nacional 29
Hotel Riviera 29, 40
Hotel Sevilla 29
jardín botánico 45
Malecón 39, 39
Marina Hemingway 43
Miramar 42-43, 42
Museo de Arte Colonial 31
Museo de Artes Decorativas 41
Museo de la Educación 31
Museo de la Revolución 37
Museo del Ministerio del Interior 43
Museo Hemingway 42-43, 44
Museo Histórico de las Ciencias Carlos J. Finlay 34
Museo Nacional de Bellas Artes 37
Museo Nacional de la Música 38
Museo Napoleónico 41
Museo Numismático 32
Palacio de la Artesanía 85
Palacio de los Capitanes Generales 30
Parque Central 36
Parque Lenin 44
Patio, El 31
Playas del Este 44
Plaza de Armas 28
Plaza de la Catedral 30-32, 33
Plaza de la Revolución 42
Plaza Vieja 34
Prado 36
Promoción Cultural Alejo Carpentier 30
Rampa, La 40
Templete, El 28
Tropicana 29, 90
Universidad de La Habana 39
Vedado 37, 40-42
Hatuey 82
Hemingway 29, 43-44, 45, 66
Holguín 70-72
Independencia 15-20
Indios siboneyes 13
Indios taínos 13
Isabelica, La 79
Isla de la Juventud, La 51-52
Jibacoa 64
La conquista española 13-14
La Farola 81
Lago del Hanabanilla 64, 64
Laguna Baconao 80
Laguna del Tesoro 57
Lam, Wifredo 37
Maceo, general Antonio 17, 17
Machado, general Gerardo 18
Manicaragua 64

Manzanillo 74-75, 74
Marea del Portillo 73, 75
Mariel 22, 25
Martí, José 16, 25, 35-36, 42
Matanzas 54-56
Montañas de Guaniguanico 46
Morón 66
Mural de la Prehistoria 49, 50
Museo Indo Cubano 72
Museo Nacional del Transporte 80
música 88-94
Niños 94
Nueva Gerona 52
Ocupación británica 15, 25, 38
País, Frank 77, 78
Palma, Tomás Estrada 17
Parque, Baconao 78-79, 80
Península de Zapata 57-58
Pico Turquino 74
Pinar del Río 46, 46
Playa Ancón 63, 87
Playa Girón 57-58, 87
Playa Larga 57
Playa Las Coloradas 75
Playa Los Cocos 69, 69
Playa Santa Lucía 58, 69-70, 87, 92
Playa Sirena 51, 52
Presidio Modelo (Prisión Modelo) 51, 52
Punta del Este 52
revolución 19-20
ron 30, 34, 47, 77, 84, 93 97-98
San Juan y Martínez 47
Sancti Spíritus 58, 65
Santa Clara 65, 65
Santería 35, 85
Santiago de Cuba 75-78, 79
  Casa de la Trova 76
  Casa de Velázquez 76
  Castillo del Morro 16, 78
  Cementerio Santa Ifigenia 78
  Cuartel Moncada 19, 52, 78
  Fábrica de Ron Caney 77
  Museo Bacardí 77
  Museo de la Lucha Clandestina 77
  Museo del Carnaval 77
Sierra del Escambray 64, 64
Sierra Maestra 19, 74, 75
Soroa 46
tabacos 40, 40, 47, 48, 49, 81, 83, 84, 85, 91
Topes de Collantes 64
Torre de Manacas-Iznaga 63
Trinidad 61-63, 79
Unión Soviética 22-23
Valle de la Prehistoria 79, 82
Valle de los Ingenios 62, 63
Valle de Viñales 10, 49
Varadero 53-54, 55, 86, 87
Velázquez, Diego 13, 25, 61, 65
Vuelta Abajo 47

Cuba

INFORMACIÓN DE UTILIDAD

Resumen de información práctica en orden alfabético

A Aeropuertos 105
Agua 105
Alojamiento 105
Arriendo de bicicletas y motonetas 106
Arriendo de vehículos 107
Asuntos de dinero 108
Asuntos ecológicos 109
Atención médica 110
B Baños 111
C Camping 111
Clima y vestimenta 112
Cómo llegar a Cuba 112
Comunicaciones 114
Conducción 115
D Delitos 116
Diferencias de hora 116
E Electricidad 117
Embajadas y consulados 117
Emergencias 117
F Feriados 118
Fotografía y video 118
G Giras 118
H Horarios de atención 119
I Información turística 119
M Mapas 120
Medios de comunicación 120
Medios de transporte 121
Mujeres turistas 123
N Normas de cortesía 123
P Pesos y medidas 124
Planificación de su presupuesto 125
Policía 126
Propinas 126
R Reclamos 127
Religión 127
T Trámites de ingreso y aduana 127
V Viajeros incapacitados 128

Información de utilidad

A

AEROPUERTOS (ver Medios de Transporte en la página 121 y Cómo llegar a Cuba en la página 112)

El principal aeropuerto de Cuba es el José Martí en **La Habana**, a 20 km. al sur del centro de La Habana. El Terminal 1 se encarga de los vuelos internacionales de Cubana e Iberia y la mayoría de los vuelos nacionales; el Terminal 2 es para todos los otros vuelos internacionales y el Terminal Caribbean para algunos vuelos a Cayo Largo. Las reservas se pueden hacer en las Oficinas de Infotur del aeropuerto (ver Información Turística en la página 120), al llegar. El aeropuerto de Varadero está a 22 km. al oeste de Varadero. El aeropuerto de Santiago de Cuba está ubicado a 6 km. al sur de la ciudad.

A la llegada, si usted viaja con un paquete vacacional, un autobús lo llevará hasta su hotel. Los visitantes independientes pueden reservar su transporte a través de agencias especializadas en sus propios países; o pueden tomar un taxi. A la partida, los aeropuertos grandes como los de La Habana y Varadero, tienen una variedad de licores, tabacos y recuerdos para comprar a último momento. En todos los aeropuertos, debe pagar un modesto impuesto de salida, en dólares.

AGUA

Aunque el agua cubana se trata con cloro, los estándares se han deteriorado recientemente, por tanto se le recomienda no tomar agua de la llave donde sea posible. El agua mineral está ampliamente disponible.

ALOJAMIENTO (ver también la lista de Campings en la página 111, Cómo llegar a Cuba en la página 112 y Hoteles Recomendados a partir de la página 129).

Gracias a la gran inversión y a la administración por parte de empresas canadienses, españolas y alemanas, los estándares y las facilidades han mejorado drásticamente con relación a unos años atrás. Los hoteles cubanos nuevos o los remodelados, tanto en los complejos turísticos como en La Habana, hacen gala de artísticas piscinas, una selección de restaurantes, impresionantes buffets, boutiques y habitaciones con aire acondicionado y TV vía satélite de último modelo. Los hoteles de lujo ofrecen diversiones durante todo el día, desde clases de aeróbica y clases de español hasta encuentros de polo acuático y concursos de bronceado. Los hoteles más

Cuba

sencillos ofrecen algunas diversiones dentro del mismo hotel, e invariablemente tienen una piscina.

En otros lugares, los hoteles son mucho menos tentadores. Los extranjeros se alojan en grandes edificios de concreto al estilo soviético, no muy gratos a la vista, situados en las afueras de los pueblos. Aunque la mayoría tiene muchas instalaciones, el agua de la piscina está a menudo turbia o caliente. No obstante, las habitaciones están siempre preparadas y pudieran tener un refrigerador y un radio antiguo, o un aparato de TV. Los hoteles, en el centro de los pueblos, más característicos aunque más comunes, a menudo admiten extranjeros. Dondequiera que vaya, debe llevar un tapón de goma para el lavamanos y la tina, pues muchas habitaciones no los tienen.

No es necesario hacer reservas con anticipación. Sin embargo, los hoteles en los complejos turísticos, en La Habana y en Santiago de Cuba pueden estar copados, particularmente durante Navidad, Año Nuevo, Semana Santa y en verano. Para realizar una reserva desde el extranjero, es aconsejable utilizar una agencia especializada en su país de origen ya que puede resultar difícil comunicarse telefónicamente con Cuba. Para hacer reservas en Cuba desde un hotel a otro, la recepcionista puede efectuar la llamada (esta se cargará a su cuenta). También puede hacer reservas en el aeropuerto (ver página anterior).

En Varadero, los hoteles más modernos y más caros se encuentran hacia el extremo este, a pocas millas del centro donde se agrupan los hoteles más modestos. En La Habana, hospédese en la Habana Vieja o cerca de ésta, en vez de hacerlo en el distrito de negocios del Vedado. En Santiago de Cuba, probablemente se hospedará en los suburbios de la ciudad, un viaje corto en taxi, desde el centro.

ARRIENDO de BICICLETAS y MOTONETAS

Debido a la escasez de medios de transporte, millones de cubanos ahora andan en bicicleta. Para los turistas, andar en bicicleta es una buena forma de recorrer La Habana: contacte Panaciclos, tel. (07) 810153, (07) 814142. La mayoría de los complejos turísticos ofrecen arriendo de bicicletas; algunos turistas llevan su bicicleta en el avión. Cuando no la esté usando, amárrela. Las que tienen neumáticos muy resistentes son las más adecuadas para hacer frente a las superficies irregulares. Traiga sus propios repuestos.

Información de utilidad

Se puede arrendar motonetas en la mayoría de los complejos turísticos. No se requiere licencia.

ARRIENDO de VEHÍCULOS (ver también Conducción en la página 115)

Existen buenas razones para no arrendar un automóvil en Cuba. Es caro, como lo es la gasolina, y las empresas que arriendan son poco eficientes y tratarán de hacerle gastar hasta su último dólar. Sin embargo, como el transporte público es tan pobre, disponer de un automóvil es la única forma de explorar con libertad.

Para arrendar un automóvil, debe ser mayor de 21 años y tener una licencia de conducir vigente al menos con un año de antigüedad. Necesitará presentar su licencia de conducir nacional o una internacional.

Reservas. Las tres empresas principales de arriendo de automóviles son Havanautos, Transautos y Nacional, con una decena de oficinas en centros de arriendo a lo largo de la isla. Puede reservar un automóvil a través de algunas empresas especializadas en su país, en una oficina local o a través de las oficinas de reservas centrales (Havanautomóviles (07) 332369/332891, Transautos (07) 335532/ 406217/409200/ 413906), y Nacional (07) 810357).

Costos y seguros. Las empresas ofrecen virtualmente las mismas tarifas. Con tarifas de kilometraje limitado se paga la cantidad exorbitante de 30 centavos de dólar por cada kilómetro sobre un máximo de 100 km. diarios; por lo tanto, opte por el kilometraje ilimitado.

Los seguros se deben pagar localmente aunque usted tenga el arriendo prepagado en el extranjero. Si el automóvil sufre alguna avería, usted debe pagar los primeros cientos de dólares del precio de la reparación, a menos que pruebe que lo que sucedió no fue de su responsabilidad.

Debe dejar una garantía en efectivo o en tarjeta de crédito abierta para cubrir el pago de esta eventualidad. Inspeccione el automóvil rigurosamente antes de partir para detectar cualquier abolladura o rasguño.

Automóviles. Mientras los cubanos conducen Cadillacs de los años 50 o Ladas de la década del 80, los turistas disfrutan de automóviles totalmente nuevos tales como Peugeot y Renault. Los modelos más baratos no están equipados con aire acondicionado. El arriendo de

Cuba

un jeep tiene ventajas y desventajas: aunque no consume mucha gasolina y puede ser descapotable, la exposición de los pasajeros al sol abrasador y del equipaje a los dedos curiosos, el rigor de los baches y los caminos no asfaltados, lo hacen poco conveniente.

Devoluciones. Pagando una cuota, puede tomar un automóvil en una oficina de arriendo y dejarlo en otra. Por ejemplo, podría arrendar un automóvil en La Habana, devolverlo en Santiago, y volar de regreso a La Habana.

Gasolina. Debe pagar la cantidad de gasolina que tiene el automóvil cuando lo toma. Puede reclamar por la cantidad de gasolina que deja cuando devuelve el automóvil. Asegúrese que le entreguen un listado de las gasolineras, llamadas Cupet (ver CONDUCCIÓN, en la página 115). Por último, arriende un automóvil que tenga cerradura en la tapa del combustible: la extracción del combustible mediante un sifón es algo común.

Asegúrese de obtener los números telefónicos correspondientes para llamar cuando tenga una avería. Verifique que la rueda de repuesto esté inflada y haya un gato hidráulico: las carreteras con baches hacen que los pinchazos sean comunes. Los vehículos arrendados son muy llamativos. Esconda bien todos los artículos en el interior.

ASUNTOS de DINERO (ver también TRÁMITES DE INGRESO Y ADUANAS en la página 127)

Moneda. En Cuba circulan dos monedas, el dólar norteamericano (dólar o divisa, literalmente "moneda dura") y el peso. Confusamente, los precios en las tiendas se exhiben con $ para ambas monedas, en el caso de dólares se les añade USD para diferenciarlos. El peso no tiene valor internacional y, como Cuba necesita divisas desesperadamente, casi cualquier cosa que que un turista pueda comprar, alojamiento, alimentos, bebidas, transporte, se vende en dólares. Ya que los billetes de dólar se suministran en pocas cantidades, recientemente se introdujo un billete llamado "peso convertible". Es intercambiable con el dólar y tiene el mismo valor que éste. Como los pesos convertibles no tienen valor fuera de Cuba, podrá cambiarlos por dólares al final de su estadía.

Si cambia dólares por pesos en un banco u hotel habilitado para cambio de divisas, recibirá un peso por dólar (al salir del país puede

Información de utilidad

cambiar un insignificante monto máximo de 10 pesos normales por dólares y solamente si usted tiene el recibo de la compra original). Sin embargo, en el mercado negro (bolsa negra), donde funciona la mayor parte de la economía, un dólar ha mantenido un valor de alrededor de 40 pesos desde mediados de los 90. Cambiar dinero en el mercado negro, aunque es una práctica generalizada, es ilegal. Además, es extremadamente difícil gastar una suma considerable de pesos. Aténgase sólo a una cifra con la que usted pueda comprar estampillas, frutas en un mercado y tal vez una cerveza o ron en un bar local. Aún cuando un restaurante o un bar acepte pesos, es probable que, como extranjero, tenga que pagar en dólares.

Para los cubanos era ilegal poseer o gastar dólares. Esta política se abandonó en 1993 en un intento por atraer los millones de dólares que circulaban en la economía del mercado negro hacia la economía oficial. Ahora, los cubanos pueden gastar sus dólares en las tiendas que han proliferado últimamente en todos los pueblos y que sólo venden productos en dólares; y muchos restaurantes y bares para el servicio de los locales han comenzado a cobrar en dólares, también.

Cheques de viajero. Lleve cheques de viajero en dólares. Los de American Express no se aceptan debido a la situación política entre Cuba y Estados Unidos. La forma más fácil de cambiar los cheques de viajero por dólares es en los hoteles. Las tarifas por comisión varían desde 2% a 4%. Pida billetes de $20 o de menor denominación, ya que pocos establecimientos pueden cambiar los billetes de $50 ó $100. Si usted llegó a Cuba, erróneamente, con cheques de viajero American Express, Asistur (ver EMERGENCIAS, página 117) puede cambiárselos por efectivo, por una comisión de 10%.

Tarjetas de crédito. Las de American Express no se aceptan en ningún lugar, ni ninguna otra tarjeta emitida en Estados Unidos. La mayoría de las tiendas para turistas, al igual que los hoteles de lujo y restaurantes, líneas aéreas, empresas de arriendo de vehículos, aceptan otras tarjetas de crédito principales. Para hacer pagos grandes mediante tarjetas de crédito, debe mostrar su pasaporte.

ASUNTOS ECOLÓGICOS

Puede sentir la tentación de comprar recuerdos exóticos para usted o su familia durante sus vacaciones, pero, piense en las plantas y animales en vías de extinción que pueden ser perjudicados con su com-

Cuba

pra. Incluso la comercialización de recuerdos turísticos puede amenazar a la mayoría de las especies en vías de extinción.

Más de 800 especies de animales y plantas están proscritas del comercio internacional por la CITES (Convención sobre el Comercio Internacional de Especies y Plantas en vías de extinción). Éstas incluyen muchos corales, conchas y caracoles, orquídeas y maderas preciosas, al igual que las tortugas. Así es que piénselo dos veces antes de comprarlas, puede ser ilegal y sus recuerdos pueden ser confiscados por la aduana a su regreso.

Si desea información adicional o un folleto informativo comuníquese con:

Reino Unido - Departamento del Ambiente; tel. (0117) 987-8961 (aves, reptiles y peces), ó (0117) 9878168 (plantas y mamíferos).

Estados Unidos - Servicio de Pesca y Fauna Silvestre; tel. (703) 358-2095.

Canadá - Servicio Canadiense de Fauna Silvestre; tel. (819) 953-1404/997-1840.

ATENCIÓN MÉDICA (ver también EMERGENCIAS en la página 117)

Vacunas. No hay vacunas obligatorias para viajar a Cuba, pero se recomienda vacunarse contra el tifus, tétano, poliomielitis y hepatitis tipo A.

Para mantenerse sano. La fuente más probable de intoxicación por alimentos es a través de los buffets, en hoteles con poca higiene. Como los alimentos cubanos son muy naturales, los desórdenes estomacales son menos comunes que en muchos otros países en vías de desarrollo.

El sol cubano puede quemar en minutos a las personas de piel blanca. Utilice abundante crema bloqueadora (protectora) y use un sombrero. También es fácil deshidratarse; por lo tanto, asegúrese de tomar agua en abundancia.

En los complejos turísticos de la costa, los mosquitos son una amenaza desde el anochecer hasta al amanecer El aire acondicionado ayuda a mantenerlos alejados, pero apliquese repelente contra los insectos.

Con relación a la seguridad en las playas, unas pocas playas de los complejos turísticos emplean un sistema de banderas para avisar si es peligroso nadar. Una bandera roja significa no nadar, una amarilla

Información de utilidad

significa que debe ser precavido y una verde indica que hay seguridad para nadar. No practique el buceo hasta después de que hayan transcurrido 24 horas de viajar en avión.

Tratamientos. Si necesita ver a un médico, comuníquese con la recepción de su hotel. Los hoteles de los complejos turísticos más grandes tienen su propio médico. En todos los centros turísticos principales de la isla hay una clínica internacional, como por ejemplo en La Habana, Santiago de Cuba, Cienfuegos y Trinidad. El tratamiento médico en Cuba es excelente y gratuito para los cubanos. Los extranjeros, sin embargo, deben pagar y el tratamiento es caro: de modo que un seguro adecuado es esencial.

Farmacias. Todos los pueblos tienen farmacias de turno. La gama de medicamentos se ha visto severamente limitada en años recientes. Los complejos turísticos tienen un mejor surtido de productos farmacéuticos internacionales, aunque los precios pueden ser astronómicos, por tanto lleve todas las medicinas que pudiera necesitar durante su estadía, incluyendo el repelente de insectos y crema para las picaduras de insectos.

BAÑOS/SERVICIOS

Lleve un rollo de papel higiénico en el fondo de su equipaje cuando esté recorriendo Cuba. Los establecimientos no siempre lo proporcionan.

CAMPING

Actualmente, hay sólo dos sitios de camping para los extranjeros. Ambos tienen cabañas en vez de carpas. Aguas Claras está a 7 km. de Pinar del Río, en la carretera hacia Viñales. **El Abra** está en la costa de Jibacoa, a 40 km. al oeste de Matanzas. Ambos son acogedores, baratos y atractivos y tienen una piscina, bar y restaurante. Llame por teléfono a la empresa encargada del camping, **Cubamar,** (07) 00662.

Cuba

CLIMA y VESTIMENTA

El cuadro siguiente, muestra la temperatura diaria promedio en La Habana. Para los amantes de la playa y las personas que visitan lugares de interés, los meses de marzo a mayo son la época ideal. Los meses de diciembre y enero pueden, en ocasiones, estar muy nublados para la playa. Los más activos deben evitar los meses de verano pues son extenuantemente calurosos. Los meses de verano son también los más húmedos y presentan un pequeño riesgo de huracanes.

Como particularidad regional, las montañas son más frías, y el sur y el este son más secos y un poco más cálidos.

	E	F	M	A	M	J	J	A	S	O	N	D
°F	79	79	81	84	86	88	89	89	88	85	81	79
°C	26	26	27	29	30	31	32	32	31	29	27	26

Vestimenta. Durante el día, raramente necesitará más que un traje de baño o pantalones cortos y camiseta. Para lucir menos raro en los pueblos, use pantalones largos. Por la noche en invierno, la temperatura baja lo suficiente para justificar el uso de un suéter delgado o una chaqueta. En los hoteles de lujo, restaurantes y clubes nocturnos se acostumbra que los hombres vistan con camisa de cuello y pantalón y las damas lo hagan con igual elegancia.

CÓMO LLEGAR a CUBA (ver también AEROPUERTOS en la página 105)

Desde Canadá. La mayoría de los vuelos a Cuba salen de Montreal o Toronto, demorando alrededor de cuatro horas. Hay también salidas programadas desde Halifax y Otawa. Todos los vuelos son contratados excepto una salida desde Montreal a La Habana programada semanalmente. Llegan a La Habana, Varadero, Cayo Largo, Cienfuegos (para la Ciénaga de Zapata, Rancho Luna, Trinidad), Ciego de Ávila (para Cayo Coco), Camagüey (para Playa Santa Lucía), Holguín (para Guardalavaca), Manzanillo (para Marea del Portillo) y Santiago (para el Parque Baconoa).

Desde el Reino Unido. Los vuelos programados salen de Londres a

Información de utilidad

La Habana vía España, Holanda y Venezuela. Sin embargo, el servicio semanal de Cubana hacia La Habana (vía Terranova para reabastecer combustible, regresando sin escala) es normalmente el más barato y rápido (12 horas ida, 9 horas el regreso); y también incluye la oferta de un regreso gratis en un vuelo nacional. Hay también vuelos contratados a Varadero y Camagüey (para Playa Santa Lucía y Guardalavaca).

Desde Estados Unidos. Debido al embargo comercial de Estados Unidos, el gobierno estadounidense no permite a sus ciudadanos gastar dinero en Cuba excepto en circunstancias especiales; como consecuencia, a los ciudadanos estadounidenses no se les permite viajar directamente a Cuba desde Estados Unidos sin permiso especial, pero son libres de entrar a Cuba desde un tercer país. Aquéllos que deseen viajar oficialmente deben pedir autorización a la Oficina de Control de Bienes Extranjeros, División de Licencias, 1500 Pennsylvania Avenue NW, Washington, DC 20220 tel. (202) 622-2480, antes de contactar la Sección de Intereses de Cuba en Washington DC, para solicitar una visa. Si tiene éxito en obtener una visa, puede tomar un vuelo regular de Miami a La Habana; llame a Marazul Tours al (305) 885-6161 ó al (800) 223-5334.

Paquetes de vacaciones. La mayoría de los turistas optan por paquetes de vacaciones quincenales y por hospedarse en un complejo turístico

Las vacaciones culturales también son populares. Éstas incluyen, generalmente, giras de una semana o quince días alrededor de la isla, hospedándose en lugares como La Habana, Viñales, Trinidad, Santiago y Baracoa y quizá incluyendo visitas a hospitales y cooperativas agrícolas. Tales giras le ofrecen la forma menos problemática y más asequible de ver una gran parte de Cuba. Comuníquese con la oficina de turismo cubana en su país (ver OFICINA DE INFORMACIÓN TURÍSTICA en la página 120) para obtener un listado de los agentes de turismo.

Viajes independientes. El turismo en Cuba está orientado hacia los paquetes turísticos, pero nada impide que usted viaje en forma independiente. Si así lo hace, tendrá mucho más contacto con la gente del lugar. Intrepidez, paciencia para tratar con los problemas administrativos y buena voluntad es todo lo que necesita.

Algunos viajeros independientes utilizan una compañía de viaje especializada en sus países para reservar el alojamiento y arrendar un

Cuba

automóvil. En Cuba, la agencia local que trabaja con su compañía especializada le emite un comprobante por cada reserva, así que (en teoría) cuando llegue al hotel o a la oficina de arriendo de automóviles y muestre el comprobante, el establecimiento reconocerá fácilmente la validez de su reserva y el pago. También puede viajar a Cuba sin reserva alguna, dándose total libertad pero también abundancia de posibles problemas administrativos. Es mejor hacer reservas en su país al menos para la primera y última noches de su estadía, y para los vuelos internos.

COMUNICACIONES

Teléfonos. Cuando utilice los servicios telefónicos anticuados del país deberá tener paciencia, aunque estos servicios actualmente se están modernizando. Mientras tanto, puede ser algo lento establecer comunicación telefónica internacional desde fuera de La Habana, y casi lo mismo desde un domicilio particular. Debe pagar por hacer uso del servicio telefónico hacia afuera de su hotel. Los hoteles de lujo poseen facilidades de marcado directo para todas las llamadas hacia cualquier lugar. Puede realizar llamadas nacionales, pero las llamadas internacionales necesitará hacerlas a través del operador del hotel. Con la modernización, muchos números están cambiando; por tanto, pida ayuda a los servicios del hotel cuando tenga problemas para ubicar un número telefónico.

Las llamadas nacionales e internacionales se pueden hacer también desde los centros telefónicos, ubicados algunas veces en la recepción de los hoteles grandes y otras veces, están en el exterior de la instalación. Algunos hoteles de lujo tienen teléfonos que funcionan con tarjeta, los que puede utilizar para las llamadas; compre las tarjetas telefónicas en la recepción del hotel. Los teléfonos con monedas (algunos sólo para llamadas locales, otros también para llamadas nacionales de larga distancia) son poco confiables. Las instrucciones en español se encuentran impresas en el teléfono.

Las llamadas internacionales son caras. Los precios varían poco (aunque los hoteles pueden hacerle un recargo por una llamada interrumpida). No se puede hacer llamadas con cobro revertido. Los hoteles cobran un recargo grande por las llamadas nacionales.

Para hacer una llamada internacional desde la habitación de su hotel, marque 8 u 88 antes del código del país, y en los teléfonos que funcionan con tarjeta marque el 119. Para hacer una llamada de

Información de utilidad

larga distancia nacional, añada el código de área (por ejemplo, 07 para La Habana). Esta guía incluye los códigos de área de los números de teléfonos, pero en otra parte casi siempre se excluyen.

Correos. Puede comprar estampillas (sellos) pagando en dólares en los hoteles, o en pesos en las oficinas de correos. El sistema postal es muy poco confiable y lento. Una tarjeta postal enviada a Europa puede tardar cerca de un mes en llegar. La correspondencia que se envía desde el exterior hacia Cuba, a menudo no llega a su destino. Además, los cubanos frecuentemente piden a los extranjeros que envíen correspondencia a su nombre para sus amigos en el exterior.

CONDUCCIÓN

Condiciones para conducir. Conducir a través de Cuba es una delicia, pues hay muy poco tráfico. La mayoría de las autopistas están asfaltadas y en buenas condiciones. La Autopista Nacional va desde el oeste de La Habana hasta Pinar del Río y desde el este de La Habana hasta Sancti Spíritus. Siempre está extrañamente despejada y le permite viajar a través de la mayor parte del oeste de Cuba a velocidades suicidas.

Sin embargo, algunas carreteras no están pavimentadas. Además, siempre debe tener presentes los baches: algunos son lo suficientemente grandes como para pinchar sus neumáticos y abollar la rueda. Las filas de ciclistas resultan ser tan peligrosas como el encuentro repentino con ovejas, cabras y vacas.

Reglamentos del tráfico. Conduzca por la derecha. No beba cuando conduzca. Los límites de velocidad nacional son 100 km/h (60 mph) en las autopistas, 90 km/h (55 mph) en otras carreteras abiertas y 50 km/h (30 mph) en áreas urbanas. Si lo sorprenden sobrepasando el límite de velocidad se expone a recibir una multa de pago inmediato. No es obligatorio usar cinturones de seguridad, aunque es juicioso hacerlo. La mayoría de las señales viales son las establecidas internacionalmente. Cuando se quiere rebasar, es muy común tocar la bocina para que los vehículos sin espejos retrovisores sepan lo que está sucediendo.

Gasolina. La gasolina para los turistas sólo se vende en las bombas (llamadas Cupets en este caso) que son propiedad de la empresa de petróleo estatal Cupet. Éstas permanecen abiertas las 24 horas. Las empresas de arriendo de vehículos insisten en que usted utilice la gasolina especial que es cara, aunque algunos empleados de las

Cuba

bombas le suministrarán la gasolina regular que es más barata.

Pedir que lo lleven (*coger botella*). Pedir que lo lleven es parte de la vida diaria de soldados, maestros, enfermeras, agricultores, niños en edad escolar; simplemente, de millones de cubanos. En las afueras de los pueblos se reúnen grandes aglomeraciones de personas esperando para que las lleven. Fíjese en los funcionarios con traje amarillo y con una carpeta que paran los vehículos estatales, los que están obligados por ley a detenerse. El transporte turístico no tiene que parar, pero usted sería extremadamente insensible si no lo hiciera ocasionalmente. Sería muy extraño que tuviera algún problema; no obstante, indague en su hotel o en las oficinas de turismo si es legal que los visitantes lleven a los locales; ya que algunas veces las leyes cambian y prohíben esta práctica.

DELITOS (ver también EMERGENCIAS en la página 117 y POLICÍA en la página 126)

No obstante la enorme disparidad entre la prosperidad de los extranjeros y los locales y un aumento reciente en los delitos debido a la caída en picada de la economía, Cuba es un lugar seguro para tomar vacaciones. Los delitos están generalmente dirigidos hacia las pertenencias y no hacia las personas: evite las tentaciones. La mayoría de los hoteles proporcionan cajas de seguridad, aunque ellos normalmente controlan su uso.

En la noche, las calles de la ciudad parecen más peligrosas de lo que realmente son, debido a que están mal iluminadas. La única área donde debe ser precavido con los ladrones de bolsos es la Habana Vieja, particularmente en la calle Obispo y la red de calles al sur de ésta hasta la estación de trenes. Centro Habana, al oeste del Prado hasta el Hotel Deauville, también tiene mala reputación.

DIFERENCIAS de HORA

Cuba está 5 horas adelantada respecto del GMT. Se trabaja con el Horario Estándar del Este en invierno y con el Horario de Ahorro de Energía (una hora más tarde) desde abril a octubre.

Cuba	Montreal	Nueva York	Londres	Santiago de Chile
mediodía	mediodía	mediodía	5:00 p.m.	mediodía

Información de utilidad

E

ELECTRICIDAD

Los equipos eléctricos en los hoteles funcionan con 110 voltios ó 220 voltios y algunos necesitan enchufes de patas planas, otros las necesitan redondas. Lleve un adaptador; también puede ser necesario un transformador de voltaje.

EMBAJADAS y CONSULADOS

Consulado de Chile: Avenida 33 N° 1423 Entre 14 y 18, Miramar, La Habana Cuba, 537-241222/223/224, Fax. 537-241694

Consulado de Argentina: Callao 36 N° 511 Entre 5ta y 7a Miramar, La Habana Cuba, 537-332549

Consulado de Brasil: Longa del Comercio.Calle Lamparilla N°2 4to Piso K Habana Vieja 10100, 537-669080/9051

Consulado de Colombia: Calle 6 N° 106 E/1 y 3 Miramar Playa, Ciudad de La Habana, 537-331246/247/248, Fax. 537-331249

Consulado de México: Calle 13 N° 518 Entre Quinta y Séptima Miramar ,Playa 6 La Habana Cuba, 242383/2498

Consulado de Uruguay: Calle 14 N° 506 Miramar La Habana Cuba, 537-242311, Fax. 537-242246

EMERGENCIAS (ver también ATENCIÓN MÉDICA en la página 110 y POLICÍA en la página 126)

Asistur es una organización estatal que auxilia a los extranjeros con problemas médicos o financieros y está afiliada a varias compañías internacionales de seguros de viajes. Pueden gestionarle un adelanto en efectivo, por un 10% de comisión, si se les informan los detalles del banco extranjero. También pueden ayudar en la recuperación de equipajes extraviados y en el envío de documentos de viajes. La oficina de Asistur está en Paseo del Prado N°. 254, e/ Ánimas y Trocadero, Habana Vieja; tel. (07) 338527/625519/ 638284. También tiene oficinas en Varadero, Cienfuegos y Santiago de Cuba.

A continuación se indican algunos números telefónicos de utilidad:

Policía   116

Cuba

Cuerpo de bomberos   115

No existe un número de emergencia específico para el servicio de ambulancias.

FERIADOS

Los siguientes días son feriados en Cuba.

1° de enero	*Aniversario del Triunfo de la Revolución*
	Día de la Liberación
1° de mayo	*Día Internacional de los Trabajadores*
Del 25 al 27 de julio	*Día de la Rebelión Nacional (26 de julio)*
10 de octubre	*Inicio de la Guerra de Independencia*

FOTOGRAFÍA y VIDEO

Compre en su país todas las películas y equipos fotográficos que pudiera necesitar. En las tiendas de los hoteles y en los llamados servicios fotográficos sólo hay disponible una gama limitada de películas; es muy difícil conseguir cintas de video.

No se permite fotografiar instalaciones militares, ciertas fábricas ni aeropuertos civiles: si tiene dudas, pregunte primero. Muchos museos prohíben tomar fotografías o cobran cierta cantidad. El Tropicana (Cabaret Tropicana) en La Habana, también cobra (incluida una fuerte suma por filmar cintas de video). Utilice una película de alta velocidad para aumentar la distancia de cobertura del flash.

Los cubanos son maravillosamente fotogénicos y normalmente les gusta que les tomen fotos, pero por supuesto, es cortés preguntar primero. Alguno puede pedirle un dólar a cambio.

GIRAS

La forma más popular y simple de explorar Cuba es en excursiones de grupo. Sin embargo, estos viajes, controlados por guías turísticos cuidadosamente seleccionados, lo aíslan de muchos de los aspectos más interesantes de la vida cubana.

Se puede recorrer virtualmente toda la isla mediante las excursiones. Algunas incluyen un viaje corto al pueblo cercano y su fábri-

Información de utilidad

ca de tabaco. Otras comienzan con una larga excursión o un vuelo a uno de los pueblos coloniales de atracción de la isla, o bien a ciudades principales; a menudo puede escoger quedarse hasta el otro día o hacer un viaje por el día. Muchos viajes en embarcaciones y aún en helicópteros lo pueden llevar a las playas vírgenes en los cayos mar adentro.

H

HORARIOS de ATENCIÓN (ver también FERIADOS en la página 118)

Oficinas. Normalmente abren de 8:00 a.m. a 5:00 p.m. los días hábiles, con una hora para almorzar. Algunas abren, también, los sábados en la mañana.

Bancos. Generalmente abren de 8:30 a.m. a 3:00 p.m. los días hábiles.

Museos. Algunos abren diariamente, pero la mayoría cierra un día completo (los lunes normalmente, aunque no siempre) y los domingos al mediodía o a 1:00 p.m. a 1:00 p.m. Los horarios de atención típicos son de 9:00 a.m. (a veces 8:00 a.m. ó 10:00 a.m.) a 5:00 p.m. (a veces hasta las 4:00 p.m. ó 6:00 p.m.). Muchos están cerrados por remodelación. Pregunte antes de hacer un viaje largo.

Restaurantes. Los restaurantes de los hoteles cierran alrededor de las 9:30 p.m. Los restaurantes más modestos a menudo suspenden el servicio más temprano cuando se les acaban las provisiones.

Tiendas. Las tiendas para los turistas normalmente abren diariamente de 10:00 a.m. a 6:00 ó 7:00 p.m. Las tiendas principales, aquellas que venden productos esenciales tales como alimentos acostumbran abrir de 9:00 a.m. a 5:00 ó 6:00 p.m. de lunes a sábados, mientras que las que venden artículos como libros lo hacen desde el mediodía hasta las 6:00 ó 7:00 p.m.

I

INFORMACIÓN TURÍSTICA

En Cuba, todos los hoteles tienen una oficina de turismo. Esta se encarga en primer lugar de vender excursiones, pero también puede proporcionar información acerca de los museos, restaurantes, etcétera. En La Habana, también son útiles las oficinas Infotur para

Cuba

la atención de consultas relativas a la ciudad. Las oficinas de Infotur de la Habana Vieja se encuentran en el Parque Central cerca del Hotel Plaza, y en la calle Obispo número 306 y número 358. Por otra parte, la industria del turismo de Cuba es muy compleja. Las tres empresas que usted más frecuentemente encuentra son Cubatur, Havanatur y Cubanacán, las que hacen excursiones, transferencias, etcétera, a nombre de agentes de turismo extranjeros.

Si necesita una dirección particular o un número telefónico, pida ver el *Directorio Turístico de Cuba*.

M

MAPAS

No existe un mapa detallado de las carreteras de Cuba. Los mejores mapas (no están a la venta en Cuba y ambos están ligeramente obsoletos) son el *Urlaubskarte Cuba* de Hildebrand y el Freytag & Berndts *Kuba/Cuba* (1:1250 000) que está menos actualizado pero contiene planos útiles de la ciudad. De las áreas metropolitanas de Cuba, sólo La Habana y Santiago son demasiado grandes para explorar sin un mapa (esencial para evitar perderse mientras conduce a través de los suburbios de La Habana). Los hoteles y librerías en ambas ciudades venden mapas básicos.

MEDIOS de COMUNICACIÓN

Radio. Radio Taíno (1160 AM), es una emisora con música orientada al turista con algunas transmisiones en inglés y se capta más fácilmente en los alrededores de La Habana. Para enterarse de la vida dentro de la base naval de Estados Unidos, sintonice la Cadena de las tropas norteamericanas alrededor de Guantánamo en el 102.1 FM y 103.1 FM.

Periódicos y revistas. La prensa libre está severamente limitada, y los periódicos son difíciles de encontrar, particularmente fuera de La Habana. El principal periódico nacional, *Granma*, a menudo está lleno de los largos discursos de Castro, pero es interesante leer la visión oficial sobre Cuba. Un *Granma Internacional* se publica semanalmente en inglés, francés y alemán, con aspectos culturales de interés para el turista. Los periódicos *Trabajadores* y *Juventud Rebelde*, son otras publicaciones semanales. *Bohemia*, es una respetada revista mensual que se fundó en 1908, contiene profundos análisis

Información de utilidad

sobre Cuba contemporánea y el mundo, vistos a través de la óptica cubana.

En La Habana, para obtener información orientada al turista en español e inglés, busque la revista Cartelera de información semanal, con detalles sobre eventos de teatro, cabarets, galerías de exhibición, y el folleto de eventos La Habana. En Santiago, la revista mensual Guía Caribeña contiene artículos culturales e información sobre eventos culturales.

MEDIOS de TRANSPORTE (ver también Arriendo de Bicicletas y Motonetas, en la página 106, Arriendo de Vehículos en la página 107, Conducción en la página 115 y Giras en la página 118).

La manifestación más clara de las penurias económicas del país es, quizás, el pobre sistema de transporte público de Cuba, con cientos de personas apiñadas como sardinas en los autobuses y un retorno a los vehículos tirados por caballos.

Vuelos nacionales. Viajar por avión en Cuba es, con mucho, la forma de transporte más rápida y más confiable. Tiene también un buen precio. Los vuelos se llenan rápido, así es que reserve con anticipación desde su país cuando sea posible. Cubana, la línea aérea nacional, realiza la mayoría de los vuelos nacionales, incluidos aquéllos desde La Habana hacia Baracoa, Bayamo, Camagüey, Cayo Largo, Ciego de Ávila, Cienfuegos, Guantánamo, Holguín, Nueva Gerona (Isla de la Juventud), Manzanillo, Santiago y Varadero. La frecuencia varía enormemente, desde 5 vuelos diarios a Santiago hasta dos vuelos por semana a Baracoa.

Los vuelos generalmente salen a su hora, o antes. Regístrese al menos una hora antes de la hora de salida para evitar perder su reserva. Los aviones son antiguos y desvencijados; las emisiones parecidas a humo de los sistemas de aire acondicionado prehistóricos, pueden ser molestas para los que utilizan Cubana por primera vez. Los boletos se pueden comprar en las oficinas de Cubana en todo el país o en su oficina principal ubicada en la Calle 23 (La Rampa) N° 64, e/ P y Infanta, tel. (07) 334949 al 96. Cubana también tiene una oficina en Canadá: Cubanacan International Canada, 372 Bay Street, Suite 1902, Toronto, Ontario M5H 2W9; tel. (416) 601-0343. Las agencias utilizan la línea aérea de vuelos contratados Aerocaribbean para excursiones a múlti-

Cuba

ples destinos. Su oficina en La Habana se encuentra virtualmente al lado de la oficina principal de Cubana; tel. (07) 797524.

Los autobuses (guaguas) constituyen el soporte del sistema de transporte público de Cuba. Sin embargo, actualmente son escasos, poco frecuentes y, casi siempre, pasan totalmente llenos.

El tiempo de espera en el paradero se redujo un poco por la introducción reciente de los trenes autobuses, apodados camellos; gigantescos camiones con acoplado que pueden transportar 300 personas. Un inconveniente adicional para los turistas que usan los autobuses proviene de la forma complicada de los métodos de venta de boletos y el desconcertante orden al separar los servicios locales, provinciales e interprovinciales.

Los **taxis** están presentes dondequiera que los turistas se reúnan. Todos tienen taxímetros y se debe pagar en dólares (los turistas no pueden utilizar los taxis que se pagan con pesos). El arriendo de un taxi por el día es más caro que arrendar un automóvil, pero si entre varios comparten el costo, puede estar a su alcance.

En muchas ciudades, los dueños de automóviles privados le ofrecen carreras con tarifas en dólares a precios rebajados. Esto es ilegal, y los conductores, si son sorprendidos, serán detenidos y multados; los extranjeros sólo serán amonestados. Los conductores, por tanto, piden a los pasajeros que aparenten ser sólo amigos y que no hay ninguna transacción financiera. La razón más atrayente para tomar un taxi es la oportunidad de pasear en el asiento de un Cadillac antiguo.

Caballos y carruajes (*coches*). Debido a la escasez de combustible, en casi todas las ciudades excepto en La Habana y Santiago, los caballos tiran de carruajes y de pequeños coches lujosos, de arriba a abajo por las calles principales. Algunas veces los vehículos viajan por rutas prefijadas y toman a todos los clientes, otras veces los encontrará trabajando como taxis. Irónicamente, los caballos y carruajes se han convertido en una atracción turística en los centros vacacionales.

Trenes. Pocos turistas viajan en tren. Los viajes son extremadamente lentos (por ejemplo, 16 horas desde La Habana a Santiago) y los itinerarios son poco confiables. Sin embargo, las estaciones y los trenes son maravillosamente acogedores. Aquéllos que pagan en

Información de utilidad

dólares pueden viajar con comodidad y hacer reservas a través de las oficinas de Ferrotur, ubicadas en las estaciones de trenes. (La Habana, tel. 07 621770; Santiago, tel. 07 22254). Se recomienda comprar su boleto dos horas antes de viajar. El único servicio de real interés para el turista es el tren nocturno de La Habana a Santiago y de Santiago a La Habana que hace el viaje cada dos días y hace escalas en la mayoría de las ciudades importantes del centro de Cuba.

MUJERES TURISTAS

Las extranjeras, como los extranjeros, van a recibir probablemente abundantes atenciones no solicitadas, pero por lo general de naturaleza genuinamente amistosa. Cuba es un lugar relativamente seguro y sin peligro para las turistas.

N

NORMAS de CORTESÍA

Los cubanos son generalmente gente sensual que ama la diversión y, para muchos visitantes, la amistad con los cubanos constituirá lo más atractivo de su estadía. Sin embargo, para los vacacionistas menos amistosos el constante acercamiento de la gente local puede resultar molesto. A los cubanos les es difícil comprender a la gente poco sociable y no existe una forma fácil de rechazar una atención. Una sonrisa cortés y un "no gracias" ante cualquier insinuación es el consejo más simple.

Aunque por ningún motivo debe evitar hacer amistades, también debe darse cuenta que, por muy sinceros que sean sus amigos cubanos, es muy probable que ellos pretendan obtener algún beneficio económico. Los cubanos son muy pobres en comparación con los extranjeros, quienes, generalmente, son considerados como fuentes de dinero. Cuando la gente se acerca, al principio no se sabe qué quieren exactamente. Es probable que sólo esperen que se les regale alguna cerveza y una comida decente, o bien pueden pedirle dólares, una camiseta, jabón o cualquier otra cosa que sólo puede comprarse con dólares. Tal vez traten de ofrecerle puros y ron provenientes del mercado negro, arrendarle alojamiento en alguna casa o cambiar dólares por pesos a la tasa de cambio inflada del mercado negro. La venta de todas estas cosas es ilegal. Los niños, por su parte, piden chicle, lápiz, una moneda a cada momento. Por lo tanto,

Cuba

muchos turistas llevan un surtido de camisetas, chicles, jabones para regalar y cuando parten dejan, como obsequios, los artículos de tocador y medicinas no utilizadas.

PESOS y MEDIDAS

Cuba utiliza el sistema métrico, con metros, kilómetros, litros y kilogramos. La única unidad de medida no métrica que se utiliza ocasionalmente es la libra como unidad.

Longitud

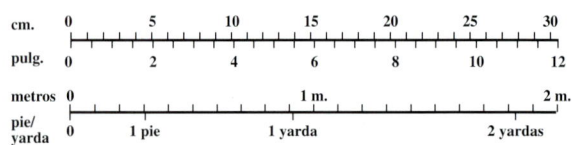

Peso

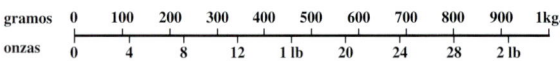

Temperatura

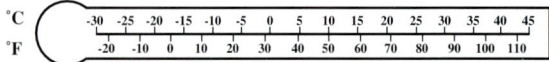

Medidas de líquidos

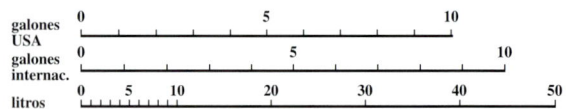

Información de utilidad

Distancia

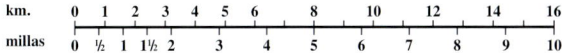

PLANIFICACIÓN de SU PRESUPUESTO

Para darle una idea, a continuación aparecen algunas pautas en cuanto a precios. Los precios varían enormemente de un establecimiento a otro.

Alojamiento. Para conocer los rangos de precios generales, vea la introducción a HOTELES RECOMENDADOS que empieza en la página 129.

Arriendo de bicicletas. $2 por una hora, $12 por un día.

Cabaret. Desde $30 en el Tropicana de La Habana, $15 en lugares más pequeños.

Arriendo de automóviles. Por un automóvil económico con kilometraje ilimitado, desde $45 por un día, $280 por una semana. De $5 a 15 un día extra por el seguro. Ejemplos de recargos de devoluciones: al tomarlo en La Habana, dejarlo en Varadero $35; tomarlo en La Habana, dejarlo en Guantánamo $162.

Puros. Cajas de 25 puros: Montecristo N° 4 $45; Cohiba Lancero $250.

Excursiones organizadas. Desde La Habana, por dos días, una noche de viaje a: Santiago $200, Cayo Largo $169. Desde Varadero, un viaje de día a: La Habana $38, Cayo Largo $94, Trinidad $89, Santiago $118.

Vuelos nacionales. Los vuelos de ida (con regreso casi siempre son exactamente el doble): La Habana–Santiago $68, La Habana–Holguín $60, La Habana–Nueva Gerona (Isla de la Juventud) $17.

Comidas y bebidas. Desayuno de $4 a $7; almuerzo liviano $10; comida en un restaurante de $10 a $25; langosta $25; buffet de platos calientes del hotel de $15 a $25; botella de cerveza de $1 a $2; botella de vino desde $10; coctel de $2 a $3.

Motonetas. $9 por hora, $15 por tres horas.

Museos. De $1 a $3.

Cuba

Gasolina. 90 centavos de dólar por litro.

Licores. Botella de: ron 3 años $5, ron 7 años $8.

Taxis. De 65 centavos de dólar a $1 por kilómetro. Desde Centro Habana al aeropuerto de $13 a $16, desde la Habana Vieja al Vedado $4.

Llamadas telefónicas. A América del Norte y América Central $2.50 por minuto, a América del Sur de $4.50 a $5, al resto del mundo de $5.50 a $6.50. Costo por minuto de llamadas de larga distancia nacionales desde un hotel: de $1 a $2.75; llamadas locales de 20 a 50 centavos de dólar.

Trenes. De La Habana a Santiago para una persona $35.

Deportes acuáticos. Buceo: curso por 5 días con certificado $350; introducción, con dos sesiones de buceo $110; una sesión de buceo de $25 a $35. Esquí acuático: $1 por minuto.

POLICÍA

La mayoría de los policías cubanos, recostados sobre sus motocicletas, con gafas de sol y bigotes, son más amistosos que lo que pudieran aparentar. Aquéllos que portan un rótulo que los identifica como policía especial del área turística deben hablar un idioma extranjero. Algunos turistas encuentran desconcertante la omnipresente policía fuera de los hoteles de La Habana y de Varadero; a otros les puede parecer tranquilizadora.

Debe tener en mente que los residentes se preocupan acerca de la posibilidad de que los agentes de seguridad del estado, vestidos de civil, escuchen sus opiniones disidentes acerca del sistema, o de que los vean haciendo amistad con extranjeros.

PROPINA

Dondequiera que vaya como turista, aún en tiendas, baños, gasolineras o estacionamiento de automóviles, se espera que dé propina. En los hoteles y restaurantes, las propinas son repartidas entre todos los trabajadores (no obstante el receptor directo recibe la mayor parte).

En una noche típica, los cantineros y los mozos ganan, con las propinas en dólar, los pesos equivalentes al sueldo de dos meses. Debido a esto, los profesores de idiomas y los investigadores científicos limpian mesas y sirven cocteles. En los restaurantes y taxis se espera

Información de utilidad

una propina de un 10%; y, en un bar, que deje el cambio. Los guías turísticos esperan al menos un par de dólares por sus servicios y a los pequeños grupos musicales que amenizan su estancia en un lugar se les debe dar un dólar. En casi cualquier otra situación, un dólar es una propina muy generosa; puede ser más apropiado dejar el cambio.

RECLAMOS

Para reclamos acerca de los paquetes turísticos debe buscar al representante local de su agencia de turismo. Si el reclamo es grave, hágalo por escrito y, donde sea pertinente, tome un registro fotográfico para entregarlo a su operador turístico tan pronto regrese a su país.

También pida ver al jefe/gerente/director. Otra forma de acción, que a veces da resultados, es preguntar por el libro de quejas y sugerencias.

RELIGIÓN

En Cuba, las religiones sincréticas como la "santería" (ver página 35) predominan sobre el catolicismo. Las medidas del gobierno entorpecieron grandemente el poder e influencia de la iglesia católica a principios de la década del 60 (por ejemplo, por la abolición de las fiestas religiosas). Sin embargo, las misas se celebran en numerosas iglesias a lo largo de la isla; también hay muchas iglesias protestantes.

TRÁMITES de INGRESO y ADUANAS

Pasaporte. Los visitantes necesitan un pasaporte visado. Su fecha de vencimiento no puede estar dentro de los seis meses de su fecha de regreso desde Cuba.

Visas. Los turistas necesitan una *tarjeta de turista* para visitar Cuba. Si usted viaja con un paquete vacacional, el agente de turismo gestionará su tarjeta de turista. Si viaja en forma independiente, comuníquese con la embajada cubana en su país. La tarjeta de turista es válida por 30 días. Si pretende permanecer por más tiempo, el hotel donde se hospeda puede emitirle una tarjeta de turista nueva cada mes, por un período de hasta seis meses. Para los trámites que

Cuba

corresponden a los estadounidenses, ver CÓMO LLEGAR A CUBA en la página 127.

Autorización de artículos exentos de impuesto. Las restricciones son las siguientes: Cuba: 200 cigarrillos ó 50 puros ó 250 gr. de tabaco; 2 botellas de licor; Australia: 250 cigarrillos ó 250 gr. tabaco; 1 *l* de alcohol; Canadá: 200 cigarrillos, 50 puros y 400 gr. de tabaco; 1.14 *l* de licor o vino ó 8.5 *l* de cerveza; Nueva Zelanda: 200 cigarrillos o 50 puros o 250 gr. de tabaco; 4.5 *l* de vino o de cerveza y 1.14 *l* de licor; Sudáfrica: 400 cigarrillos, 50 puros y 250 gr. de tabaco; 2 *l* de vino y 1 *l* de licor; Reino Unido: 200 cigarrillos o 50 puros o 100 cigarros ó 250 gr. de tabaco; 2 *l* de vino de mesa y 1 *l* de licor ó 2 *l* adicionales de vino fortificado, espumante; Estados Unidos: 200 cigarrillos ó 50 puros o "una cantidad razonable" de tabaco; 1 *l* vino o de licor. Observe que en Estados Unidos es ilegal importar puros cubanos como también cualquier otro producto cubano.

VIAJEROS INCAPACITADOS

Viajar en Cuba es difícil para personas minusválidas. Incluso los hoteles de lujo nuevos de Cuba raramente tienen instalaciones adecuadas para los viajeros incapacitados. Si viaja en un paquete turístico, converse con su agente turístico los requisitos con tanto detalle como sea posible, antes de reservar.

SELECCIÓN DE HOTELES Y RESTAURANTES

Hoteles recomendados

La selección siguiente debe ayudar a quienes viajan en un paquete turístico a escoger un hotel en los folletos de los agentes de turismo. Para los que viajan en forma independiente, las recomendaciones abarcan los hoteles a través de toda la isla, incluidos, donde no existe mejor alternativa, los que sólo son recomendables por su conveniente ubicación. Aun cuando haya escogido su hotel, algunos establecimientos son dignos de visitar por su arquitectura, ambiente, bar y restaurante. Todos los hoteles tienen una piscina a menos que se especifique lo contrario.

Los rangos de precios que se muestran abajo corresponden a una habitación estándar para dos personas, por una noche en temporada alta, excluidas todas las comidas, y están en dólares de EE.UU. Si no viaja en un paquete turístico, debe pagar con dólares en efectivo o con cheques de viajero, en dólares. Los hoteles de lujo aceptan tarjetas de crédito, pero recuerde, las tarjetas de crédito emitidas por American Express o los bancos estadounidenses no se aceptan en Cuba.

La temporada alta es de mediados de diciembre a mediados de abril y de julio a agosto. Los precios bajan alrededor de un 15% a un 35% durante otros meses.

✪	menos de $45 dólares
✪✪	de $45 a $80
✪✪✪	de $80 a $120
✪✪✪✪	más de $120

LA HABANA VIEJA

Inglaterra ✪✪✪ *Prado No. 416, esq. San Rafael; Habana Vieja; Tel. (07) 338593 to 99; fax (07) 338254.* El hotel de más historial de la ciudad, se fundó en 1875. Su bar y restaurante con baldosas decoradas y estucado es un gran lugar de reunión, mientras que su bar que abre su techo al aire libre tiene música en vivo los fines de semanas por la noche. Los mejores dormitorios tienen vista al Parque Central, pero muchas de las 83 habitaciones son estrechas y algunas sin ventanas. No hay piscina.

Plaza ✪✪✪ *Zulueta y Neptuno; Habana Vieja;. Tel. (07) 338583; fax (07) 338591/333892.* Hotel de finales de siglo,

Hoteles recomendados

ampliamente restaurado, situado en el Parque Central con un salón público y habitaciones de alta calidad. No tiene piscina pero los residentes pueden siempre utilizar la del Hotel Sevilla, que está muy cerca (ver más adelante) 186 habitaciones.

Sevilla ✪✪✪✪ *Trocadero e/ Zulueta y Prado; Habana Vieja; Tel. (07) 338580; fax (07) 338582.* Establecimiento de la década del 20, restaurado recientemente, ahora es el mejor en la Habana Vieja. Un vestíbulo muy suntuoso, magnífico restaurante con el techo estucado y excelentes opciones culinarias como restaurante español, también una galería de tiendas de lujo. Buena piscina y gimnasio. 192 acogedoras habitaciones.

Hostal Valencia ✪ *Oficios No.53 e/ Lamparilla y Obrapía; Habana Vieja; Tel. (07) 623801.* Es, con mucho, la mejor opción económica en La Habana y con mejor ubicación que cualquier hotel en la ciudad, sólo a 200 metros de la Plaza de Armas. La mansión del siglo XVIII, tiene 14 habitaciones distribuidas alrededor de un atractivo patio, un bar acogedor y un sobrio restaurante español que sirve buena comida. Necesita reservar con mucha anticipación. No tiene piscina.

LA HABANA NUEVA

Deauville ✪✪ *Galiano y Malecón; Centro Habana; Tel. (07) 628051-59; fax (07) 338148.* Un hotel feo, en un edificio tipo bloque, pero ubicado frente al mar. Grandes habitaciones (muchas con balcones frente al mar), buenos desayunos y una discoteca muy animada. A diez minutos a pie de la Habana Vieja. 148 habitaciones.

Meliá Cohiba ✪✪✪✪ *Paseo e/ 1ra y 3r; Vedado; Tel. (07) 336245/336246; fax (07) 334555.* Éste hotel moderno y orientado a los negocios es el lugar más caro para hospedarse en Cuba y tiene todas las atracciones que brinda una cadena hotelera internacional de lujo. Su ubicación, en la parte oeste del Vedado, no es la ideal para los turistas. Entre las atracciones para el visitante incluye un bar de habanos. 462 habitaciones.

Nacional de Cuba ✪✪✪✪ *Calle O esq. 21; Vedado; Tel. (07) 333564/333567; fax (07) 335054 or (07) 335171.* Este hotel histórico y de larga tradición, situado frente al mar, lugar donde Wornmold casi fue envenenado en *Our Man in Havana*.

Cuba

La cocina es considerablemente mejor ahora. Asombroso comedor, excelente buffet, dos piscinas, cabaret nocturno, jardines, atractivas terrazas y lujoso bar. 488 habitaciones.

Victoria ✪✪✪ *Calle 19 y M; Vedado; Tel. (07) 333510; fax (07) 333109.* Hotel elegante y tranquilo que hospeda principalmente gente de negocios, cercano a la zona principal del Vedado, La Rampa. Personal servicial. 31 habitaciones con mucho estilo.

PROVINCIA DE PINAR DEL RÍO

La Ermita ✪ *Carretera de la Ermita km.2; Viñales; Tel. (08) 93204; fax (08) 936091.* Sólo a un corto y agradable paseo por el pueblo de Viñales y por las vistas de su excelente valle, este complejo turístico moderno y de poca altura es, por otras consideraciones, menos seductor que el cercano Los Jazmines. 62 habitaciones.

Los Jazmines ✪ *Carretera de Viñales km. 25 (a 2 km. de Viñales); Tel. (08) 93205; fax (08) 335042.* Un panorama completo del hermosísimo valle de Viñales desde el balcón de cada una de las 48 atractivas habitaciones y desde la terraza alrededor de la excelente piscina. Buena comida y ambiente familiar, administración acogedora.

Moka ✪✪ *Comunidad Las Terrazas; Candelaria (doble hacia la derecha desde la carretera a 51 km. desde La Habana); Tel. y fax (085) 335516.* Un complejo turístico nuevo, seductor y reluciente en una esplendorosa tranquilidad y construido artísticamente en las faldas de las montañas de Pinar del Río. 26 habitaciones muy cómodas con baños imaginativos. Giras en bicicleta y a caballo a plena naturaleza.

ISLA DE LA JUVENTUD

El Colony ✪✪ *Carretera de Siguanea km.16; Tel. (061) 9818.* Es un enclave turístico, aislado y caro, de la década del 50, situado en la costa, aproximadamente a 42 km. al suroeste de Nueva Gerona, es de interés exclusivo para los buzos. El hotel por sí solo y su playa no son atrayentes, no obstante las 83 habitaciones están perfectamente equipadas.

Villa Gaviota ✪ *Autopista Nueva Gerona; La Fe km. 1; Tel. (061)*

Hoteles recomendados

23290. Un complejo modesto a la orilla del río pero bien mantenido, distribuido alrededor de una buena piscina, en las afueras de Nueva Gerona. 23 espaciosas y modernas habitaciones.

CAYO LARGO

Isla del Sur ✪✪✪; also Villa Capricho, Villa Iguana, Villa Coral *Tel. (095)794215; fax (095) 333156.* Cuatro complejos adyacentes al lado de la playa que comparten todos los servicios de recreación, pero cada uno ofrece a los huéspedes su propio estilo de alojamiento. La más romántica es Villa Capricho, con 60 cabañas con techo de paja en forma de cúpula, construidas en medio de manglares y palmas, todas cuidadosamente equipadas y con una hamaca colgada a la entrada. Villa Coral, con 72 habitaciones esparcidas en pequeñas cabañas alrededor de una tentadora piscina, es la más elegante.

VARADERO

Club Kawama ✪✪ *Reparto Kawama; Tel. (05) 667155/667156; fax (05) 667004.* Hacia el extremo oeste del complejo turístico, una mezcla de 34 casas de campo antiguas y modernas, distribuidas espaciosamente alrededor de agradables jardines. Acceso directo a la playa y un bar muy animado, pero sin piscina. 205 habitaciones sencillas pero agradables, con persianas.

Cuatro Palmas ✪✪✪✪ *Avenida 1ra e/ 61 y 62; Tel. (05) 63912; fax (05) 667208.* Un conjunto atractivo y elegante al lado de la playa, situado en el mismo centro del complejo turístico. Algunas de las 309 habitaciones (que pueden estar un poco estropeadas) se distribuyen alrededor de una excelente piscina con palmas, mientras que otras se encuentran en bungalows.

Internacional ✪✪✪ *Carretera Las Américas; Tel. (05) 667038; fax (05) 667246.* Renombrado hotel de Varadero de la década del 50 que aún tiene mucho estilo, particularmente en sus restaurantes y en su vida nocturna: sus buffets y el Cabaret Continental (ver página 90) son lo mejor en la ciudad. Amplia variedad de servicios. 371 habitaciones que se dividen entre cabañas en los jardines y grandes habitaciones con vista a la playa.

Meliá Las Américas ✪✪✪✪ *Carretera Las Morlas; Playa Las Américas; Tel. (05) 337600; fax (05) 337625.* Este hotel

Cuba

administrado por españoles iguala a su vecino, el Meliá Varadero, en calidad y servicios. Las Américas es más moderno, más pequeño (290 habitaciones con bellos colores) y más modesto, con música clásica en vivo en su vestíbulo y buena comida.

Meliá Varadero ✪✪✪✪ *Autopista del Sur; Playa Las Américas; Tel. (05) 337013; fax (05) 337012.* Un centro deslumbrante en el extremo oriental del complejo turístico. Un patio interior con fuente, gran piscina, tres buenos restaurantes (uno con magnífico buffet americano o mesa sueca) y tiendas sofisticadas. 490 habitaciones, cada una con un sofá y la mayoría con buenas vistas. Acceso directo a la playa.

Villa Caleta ✪✪ *Calle 19 e/ 1ra y Playa; Tel. (05) 63515.* Hotel modesto, cerca del centro del complejo turístico, alrededor de una piscina rústica. 46 habitaciones con muebles de bambú, algunas en pequeños bloques de departamentos y con balcones con vista a la playa, otras más especiosas pero que sufren el ruido del tráfico.

PENÍNSULA DE ZAPATA

Villa Guamá ✪ *Laguna del Tesoro; Ciénaga de Zapata; Tel. (059) 2979.* Uno de los lugares más característicos para alojarse en Cuba y sólo accesible en bote. Cabañas con techo de paja equipadas razonablemente y esparcidas por islas interconectadas, en medio de una ciénaga. Tenga presente que el repelente contra mosquitos es esencial. 34 habitaciones..

Villa Hotels Playa Larga ✪ *Playa Larga; Ciénaga de Zapata; Tel. (059) 7219.* Complejo de menor importancia, integrado por cabañas espaciosas pero sencillas, en un parque cubierto de césped en una buena playa al extremo norte de la Bahía de Cochinos. Sin piscina. 49 habitaciones.

CIENFUEGOS

Jagua ✪✪ *Calle 37 No. 1; Punta Gorda; Tel. (0432) 6302.* Un edificio feo de la década del 50, pero en buena ubicación, justo al sur del centro de la ciudad a la orilla de la bahía, con servicios razonables e incluyendo un cabaret nocturno. 145 acogedoras habitaciones.

Hotel Horizontes Rancho Luna ✪ *Carretera Rancho Luna*

Hoteles recomendados

km. 16; Tel. (0432) 5292. Un complejo un poco desaliñado, de baja envergadura que hospeda a lo que viajan con paquetes turísticos, a 16 km. al este de Cienfuegos. Ubicado, sin embargo, al lado de una pequeña y atractiva playa. 225 habitaciones.

TRINIDAD

Ancón ✪✪ *Playa Ancón; Tel. (0419) 4011/3155; fax (0419) 337424.* Un feo edificio en altura, junto a una excelente playa a 14 km. de Trinidad, equipado completamente con servicios de deportes acuáticos. El arriendo de autos, motonetas y bicicletas compensa la ubicación aislada del hotel. 279 habitaciones.

Las Cuevas ✪ *Finca Santa Ana; Tel. (0419) 4013; fax (0419) 2302.* El único hotel a pocos pasos de distancia (15 minutos) del centro de Trinidad. Cabañas sencillas y relativamente modernas distribuidas en la falda de un cerro y con una bella piscina. 124 habitaciones.

Casa del Campesino ✪ *Finca María Dolores, Carretera Circuito Sur; Tel. (0419) 3581.* A 3 km. al oeste de Trinidad, con 20 cabañas adornadas con flores en una plantación de mango, cerca de un río (sin piscina). Gansos y caballos pastan pacíficamente por los alrededores (se ofrecen paseos a caballos). Cabaret rústico en un restaurante con techo de paja.

SIERRA DEL ESCAMBRAY

Hotel Hanabanilla ✪ *Lago Hanabanilla; Manicaragua; Tel. (042) 49125.* Un edificio grande y poco atractivo a 23 km. al oeste de Manicaragua, al lado de un encantador lago. Se puede pescar y pasear en bote. En las razonablemente cómodas 125 habitaciones, los cubanos exceden en número a los extranjeros.

SANCTI SPÍRITUS

Zaza ✪✪ *Finca San José, Lago Zaza; Tel. (041) 26021; fax (041) 66800.* Una torre al estilo soviético a pocos kilómetros al este del pueblo de Sancti Spíritus agradablemente ubicada cerca de un lago. Buena comida. 128 habitaciones sencillas.

CAYO COCO Y ALREDEDORES

Club Cayo Guillermo ✪✪✪ *Cayo Guillermo; Tel. (07) 301012/301160; fax (07) 335221.* Un amplio complejo hotelero, ocupado casi exclusivamente por italianos. 212 habitaciones de calidad, en cabañas. y villas. Una completa gama de servicios, especialmente de deportes acuáticos y una playa pintoresca.

Guitart Cayo Coco ✪✪✪✪ *Cayo Coco; Tel. (07) 335384; fax (07) 335166.* El complejo hotelero más atractivo de Cuba, en medio de jardines de palmas a lo largo de una playa deslumbrante, compuesto por cabañas de color pastel que se entrelazan a través de una grandiosa y artística piscina. Personal excelente, gran cantidad de deportes acuáticos, no menos de seis restaurantes con buena comida, tiendas de lujo. 458 habitaciones llenas de colorido.

Cubanacán Morón ✪✪ *Avenida Tarafa; Morón; Tel. (0335) 3901 to 3905.* Hotel al estilo soviético por sobre el promedio, situado en las afueras de Morón, con un restaurante que sirve comida muy sabrosa y con 144 elegantes habitaciones.

CAMAGÜEY

Cubanacán Maraguan ✪✪ *Circunvalación Este; Tel. (0332) 72017/72170.* Un antiguo club de campo en el área rural a 10 km. al este de Camagüey. 35 habitaciones sencillas, la mayor parte en cabañas. Piscina grande y elegante y excelente personal. En la maleza cercana se hallan los restos de un misil soviético de la década del 50.

PLAYA SANTA LUCÍA

Golden Tulip Club Caracol ✪✪ *Tel. (032) 36302; fax (032) 335043.* El hotel más hermoso del complejo turístico con jardines de flores, venta de piezas de arte, y cabañas impecables y modernas que incluyen 150 elegantes dormitorios, cada una con un balcón y área de descanso. Una gama completa de actividades y servicios.

Cuatro Vientos ✪✪ *Tel. (032) 236160; fax (032) 335433.* Un hotel moderno y en expansión, con 203 habitaciones en cabañas con techo de paja esparcidas a través de jardines ornamentales. Buena comida en buffet, atrayente piscina y habitaciones amuebladas en forma impresionante.

GUARDALAVACA

Las Brisas Club Resort ✪✪✪ *Playa Guardalavaca; Tel. (024) 30218; fax (024) 335562.* Éste nuevo complejo inmobiliario canadiense ofrece una variedad de restaurantes a la

Hoteles recomendados

luz de las velas y buena comida, una piscina atractiva, acceso directo a la playa, deportes acuáticos y animadas diversiones dentro del mismo hotel. 231 habitaciones.

Río de Luna ✪✪✪ *Playa Estero Ciego; Tel. (024) 30202; fax (024) 30126.* Un hotel tranquilo para un paquete turístico, a 4 km. al oeste de Guardalavaca en una buena playa. El té por la tarde marca el tono. 222 habitaciones grandes y bien amobladas.

Guardalavaca Villa ✪ *Playa Guardalavaca; Tel. (024) 30212.* Una opción económica, cerca de la playa con solo un bar y un restaurante. 24 habitaciones sencillas, cada una con una terraza.

BAYAMO

Sierra Maestra ✪ *Carretera de Bayamo km. 7.5; Tel. (023) 481013.* Un complejo al estilo soviético a 2 km., más o menos, del centro de la ciudad, sin ningún encanto pero con buenos servicios. Cabaret muy entretenido alrededor de la piscina los fines de semana. 202 habitaciones.

SIERRA MAESTRA

Farallón del Caribe ✪✪ *Playa Marea del Portillo; Tel. (023) 594032 al 37.* Un hotel administrado por canadienses, sólo a unos cientos de metros de la playa. Fabulosas vistas del mar y las montañas, piscina placentera y habitaciones frescas. Las opciones de comida incluyen un bar de ostras. 140 habitaciones.

Villa Turística Santo Domingo ✪ *Santo Domingo; Bartolomé Masó; Tel. (023) 595180.* La memorablemente remota Sierra Maestra se alza al sur de Bartolomé Masó. 20 cabañas sencillas al pie de altísimas montañas, en medio de un jardín de orquídeas y próximo a un río. Se ofrecen expediciones a pie.

SANTIAGO DE CUBA

Cubanacán Santiago de Cuba ✪✪✪✪ *Avenida de las Américas y Calle M; Tel. (0226) 42656/42612; fax (0226) 41756.* Una torre multicolor posmodernista, es el hotel más fastuoso de Cuba. Seis bares (uno con vistas espectaculares desde la azotea, una piscina lujosa, provocativos buffets, llamativo club nocturno, personal servicial. A 3 km. del centro de la ciudad. 302 habitaciones.

Cuba

Villa Gaviota Santiago ✪–✪✪ *Avenida Manduley No. 502 e/ 19 y 21; Vista Alegre; Tel. (0226) 41368/41346.* A 4 km. del centro de la ciudad en un suburbio apacible y con árboles, este hotel tiene una encantadora y solitaria piscina, espaciosos alojamientos (especialmente en las habitaciones de primera) diseminados en viejas casas de campo. 50 habitaciones.

PARQUE BACONAO

Club Amigo Bucanero ✪✪ *Arroyo La Costa km. 4; Tel. (022) 27126/28130.* Al frente de una costa rocosa y con su pintoresca ensenada de arena, este complejo hotelero aislado, de baja altura y bien mantenido tiene 200 habitaciones de estilo rústico.

LTI Carisol Resort Hotel ✪✪ *Carretera Baconao, km. 10, Playa Cazonal; Tel. (022) 8519/7601.* Un hotel con administración alemana en un pintoresco lugar al extremo este del parque. Cabañas y pequeñas casas de campo distribuidas espaciosamente entre jardines abiertos. Buena piscina y una playa ligeramente abandonada, pero con la oportunidad de nadar junto a delfines amaestrados. 164 habitaciones.

Cubanacán La Gran Piedra ✪ *Carretera La Gran Piedra, km. 14; Tel. (022) 5913.* Bajo la cima de La Gran Piedra, 22 cabañas y departamentos con salones, kitchenettes, y asombrosas vistas. Sin piscina.

GUANTÁNAMO

Guantánamo ✪ *Calle 13 Norte e/ Ahogado y 1 Oeste; Tel. (021) 326015/324444.* Un humilde hotel de estilo soviético, pero el único lugar de alojamiento para los extranjeros en kilómetros a la redonda, punto de salida de los paseos, para mirar la base naval estadounidense (ver página 80). 124 habitaciones.

BARACOA

Hotel Horizonte El Castillo ✪ *Calixto García; Loma del Paraíso; Tel. (021) 42103/42125/42147.* Una antigua fortaleza de Baracoa, convertida en uno de los hoteles más encantadores de Cuba. Maravillosa piscina, vistas mágicas, personal servicial y 20 dormitorios espaciosos. Deliciosos platillos basados en coco.

Restaurantes recomendados

Como regla general, los alimentos que se sirven en los hoteles son de mejor calidad que los de cualquier otra parte de la isla. Si tiene bastante apetito, un buffet (siempre disponible para los visitantes) en un hotel de lujo, normalmente es una buena oferta.

En los restaurantes, el exceso de personal llega a ser divertido, el servicio puede ser muy frustrante por su lentitud y el menú, frecuentemente, puede no tener relación con lo que realmente hay disponible. No obstante, salir a comer tiene sus placeres: el lugar es a menudo un elegante patio colonial, los productos del mar son muy sabrosos y en los restaurantes modestos puede comer junto con los cubanos.

Llegue al restaurante alrededor de las 8:00 p.m. o más temprano, pues más tarde la comida puede haberse terminado. No es necesario hacer reservas, excepto en las temporadas del año de muy alta demanda. Sin embargo, si está lejos, verifique los horarios de atención con anticipación: en La Habana y Santiago, muchos restaurantes para los turistas que están fuera de los centros turísticos abren, normalmente, sólo durante el día.

El rango de precios que aparece a continuación indica el costo de una comida de tres platos en dólares estadounidenses, excluidas las bebidas, propinas y mariscos; los cuales, aunque baratos para los estándares internacionales, están lejos de ser los platos más económicos del menú. Sólo cuente con los restaurantes en los hoteles de primera para pagar con tarjetas de crédito (ver página 119), y además recuerde que no se aceptan las tarjetas de crédito estadounidenses. A los extranjeros les resulta virtualmente imposible pagar las comidas en pesos (ver página 116).

✪	menos de $12
✪✪	$12–25
✪✪✪	más de $25

LA HABANA VIEJA

La Bodeguita del Medio ✪✪ *Empredado No. 207 e/ San Ignacio y Cuba; Tel. (07) 624498/618442.* Ahora en su sexta década, este rincón abandonado, con paredes garabateadas con graffiti ha acogido a incontables celebridades y muchos, desde Frank Sinatra hasta Salvador Allende, han dejado sus firmas en

Cuba

las paredes. A Hemingway le gustaba tomar aquí sus mojitos y, actualmente, un flujo constante de turistas los utilizan para acompañar la buena cocina criolla. Los platos a base de cerdo son la especialidad de la casa.

Café Paris ✪ *San Ignacio Nº 202 esq. Obispo.* Un vivaz café abierto las 24 horas con música alegre, una opción igualmente popular entre cubanos y turistas. Bebidas y baratos bocadillos como pollo, tocino y sándwiches.

Divina Pastora ✪✪ *Fortaleza de la Cabaña; Tel. (07) 623886.* Tome el túnel bajo el puerto para llegar a este elegante restaurante, ubicado en una antigua defensa de artillería hermosamente restaurada cerca del litoral, bajo la fortaleza. Buenos platos de pescado y servicio rápido y correcto.

El Floridita ✪✪✪ *Monserrate Nº 557 esq. Obispo; Tel. (07) 631063.* El bar y restaurante de más categoría y más caro en la ciudad. Un comedor más bien grande decorado con murales, donde se sirven caros y a veces memorables productos del mar. (Ver página 34).

Don Giovanni ✪ *Tacón Nº 4 esq. Empedrado; Tel. (07) 335979.* Comida italiana sencilla (una opción mejor para un bocadillo que para una comida completa), en el patio de una clásica mansión colonial azul con blanco. Popular entre cubanos, buena música en vivo.

Al Medina ✪ *Oficios Nº 12 e/ Obispo y Obrapía; Tel. (07) 630862.* Se oculta al fondo del encantador patio de la Casa de los Árabes. Cocina del oriente medio, entremezclada con platos cubanos tradicionales. Cierra diariamente alrededor de las 8:00 p.m.

El Patio ✪✪ *Plaza de la Catedral; Tel. (07) 338146;* Uno de los lugares más suntuosos y románticos para una comida, en lo que es indiscutiblemente el patio colonial más espléndidamente pintado y restaurado de La Habana. Comida criolla de calidad así como imaginativa. La muy popular terraza donde se sirven bebidas se orienta hacia la Plaza de la Catedral.

El Patio Colonial ✪ *Plaza de Armas;* Un café turístico al aire libre donde sirven pizzas, sandwiches y helados, también platos de comida criolla y cocteles.

Restaurantes recomendados

Sevilla ✪–✪✪✪ *Trocadero e/ Zulueta y Prado; Tel. (07) 338580.* El hotel de la Habana Vieja que ostenta un espléndido restaurante principal con techo estucado, así como un bello restaurante español embaldosado y elegante cafetería.

La Torre de Marfil ✪ *Mercaderes e/ Obispo y Obrapía; Tel. (07) 623466.* Una combinación singular de mozos, música y comida chinos en un hermoso edificio colonial antiguo. Comidas de calidad.

La Zaragozana ✪✪ *Monserrate Nº 352 e/ Obispo y Obrapía; Tel.(07) 631062.* Un restaurante estilo rústico con sabrosos platos de pescado, cerca de El Floridita. Servicio solícito.

LA HABANA NUEVA

Don Agamenón ✪✪ *Calle 17 Nº 60 e/ M y N; Vedado.* Una casa neoclásica decorada elegantemente con arte, moderna y amoblada con mimbre, donde sirven platos tradicionales cubanos con especialidades de pollo. Además, un bar al aire libre con una parrilla.

La Cecilia ✪✪✪ *Avenida 5 e/ 110 y 112; Miramar; Tel. (07) 331562* Restaurante grande y lujoso con buena cocina internacional en un encantador jardín lleno de palmas y jagüeyes. Espectáculo de cabaret a las 9:30 p.m. de jueves a domingo.

1830 ✪✪ *Malecón e/ 20 y 22; Vedado; Tel. (07) 34504.* Una antigua casa a la orilla del mar con colores claros y candelabros en las habitaciones, situada en el extremo oeste del Vedado. Cocina ecléctica, fundamentalmente con énfasis en pescados y mariscos.

Nacional de Cuba ✪–✪✪✪ *Calle O esq. 21; Vedado; Tel. (07) 333564/333567.* Con un asombroso comedor lleno de candelabros y comida a la carta, excelentes buffets y abundantes bocadillos (pollo, hamburguesas, etc.) también disponibles en la eficiente cafetería. Las opciones de comida en este gran hotel (ver página 131) casi siempre están garantizadas para revivificar al más débil.

El Rápido ✪ *Línea e/ L y M; Vedado.* Este lugar, algo inusual, de comida rápida con hamburguesas y servicio al auto, es atendido por mozos vestidos con chaquetas de mezclilla que sirven a los cubanos en sus Cadillacs, está abierto las 24 horas. También hay un café que funciona en el lugar.

Cuba

COJÍMAR

La Terraza ✪✪ *Calle Real y Candelaria; Tel. 653471.* Fundado en 1925, este encantador restaurante de pescados del litoral era frecuentado a veces por Hemingway y está ahora cubierto de evocativas fotos del escritor.

VARADERO

Las Américas ✪✪✪ *Avenida Las Américas, Mansión Dupont; Tel. (05) 337013.* Gran mansión a la orilla del mar donde sirven platos innovadores, como res con *brie* (queso francés) y pollo con coco, con éxito variable. En la terraza, se sirven bocadillos al almuerzo.

Internacional ✪✪ *Carretera Las Américas; Tel. (05) 667038.* Los buffets del hotel son los mejores del complejo, así como también económicos, con sorprendentes variedades.

Kiki's Club ✪–✪✪ *Avenida 1 and Calle; 5.* Bar restaurante informal donde sirven pastas y buenas pizzas; pruebe una, cubierta con limón o langostinos.

El Mesón del Quijote ✪✪–✪✪✪ *Carretera Las Américas Tel. (05) 62975.* Busque al caballero iluminado y su corcel hacia el extremo este del complejo turístico. Cocina semiespañola en un hermoso comedor a la luz de las velas, con buena música en vivo.

Parque Josone ✪–✪✪✪
Un enclave de restaurantes exclusivos alrededor del parque. La Casa de Antigüedades sin menú (✪✪✪, tel. 62044), maravillosamente amoblada, comedores íntimos iluminados con velas, no ofrece un menú sino especialidades en mariscos y carnes. El Dante junto al lago (✪✪, tel. 63306) es una pequeña y seria *trattoria,* mientras que La Campana (✪–✪, tel. 63306) sirve comidas criollas baratas en un ambiente agradable y rústico.

CIENFUEGOS

Palacio del Valle ✪✪ *Calle 37 esq. 2; Punta Gorda; Tel. (0432) 6366.* Próximo al Hotel Jagua, este palacio ornamentado al estilo morisco (ver página 60) tiene un restaurante en el primer piso que sirve pescados (incluyendo langostas, presentadas en no menos de media docena de formas, y paellas) y un bar en la azotea.

Restaurantes recomendados

TRINIDAD

La Canchánchara ✪ *Rubén M. Villena e/ P. Guinart y C. Redondo;* Bar en un patio con árboles, que tomó su nombre de un trago que combina aguardiente, miel y jugo de limón. Animada música en vivo desde alrededor de las 10:30 hasta las 3:00 p.m.

El Jigüe ✪✪ *Ruben M. Villena esq. P. Guinart; Tel. (0419) 4315.* Maravillosa y espaciosa casa colonial, con la fachada pintada esplendorosamente y una terraza que se extiende sobre una pequeña plaza. Especialidades en pollo. Cierra a las 5:00 p.m.

Santa Ana ✪✪ *Santo Domingo esq. Santa Ana; Tel. (0419) 3140.* Una vieja prisión hermosamente restaurada, a la salida de una ciudad antigua, tiene un restaurante elegante junto a su resplandeciente patio con naranjos y un magnífico bar con vista a la ruinosa iglesia Santa Ana. Abierto durante el día y en la noche.

CAMAGÜEY

La Campana de Toledo ✪ *Plaza de San Juan de Dios.* Uno de los más bellos patios de la ciudad, adornado con tinajones y un viejo coche donde una campana que repica le da la bienvenida al entrar. La especialidad de la casa es "¡carne de res mechada con salchichas españolas!". Abre hasta las 5:00 p.m.

PLAYA SANTA LUCÍA

Lobster House ✪✪ *La Boca.* Una choza del litoral, en un modesto villorrio cerca de la playa Los Cocos donde se ofrece langosta, camarón y cangrejo en un ambiente sencillo pero idílico.

GUARDALAVACA

El Ancla ✪✪ *Playa Guardalavaca; Tel. (024) 30145.* Bandejas de pescados y pastas y una terraza para beber al lado del mar en una ubicación fabulosa en el extremo este de la playa (para llegar atraviese la playa y el río).

BAYAMO

1513 ✪ *General García esq. Lora; Tel. (024) 425921.* El mejor restaurante de la ciudad que le permite conocer la vida local, pues está lleno de familias cubanas y no hay turistas. Se sirve comida cubana sabrosa y tradicional hasta las 10:00 p.m.

Cuba

MANZANILLO

Las Américas ✪ *Parque Manuel de Céspedes.* Ubicado en la plaza principal de la ciudad, este admirable edificio colonial tiene un personal amistoso y acogedor, pocos turistas y deliciosas langostas y carnes a precios muy bajos. Sin embargo, prepárese para comer temprano en la noche.

SANTIAGO DE CUBA

Café La Isabelica ✪ *Aguilera y Calvario.* Este es un café bar famoso que sirve café, café helado, licores de café y no mucho más. Un gran lugar para conocer cubanos.

La Claqueta ✪ *Felix Peña e/ Heredia y Bartolomé Masó.* Un divertido bar nocturno exterior con música en vivo, bailes, bebidas y con gran ambiente; normalmente con pocos turistas y muchos jóvenes cubanos para conocer.

El Morro ✪✪ *Carretera del Morro; Tel. (0226) 91576.* En una estupenda ubicación en lo alto de un arrecife y en una terraza cubierta de enredaderas, cerca del Castillo el Morro (ver página 78), este restaurante se especializa en carne de equino, pero también sirve comida criolla tradicional.

1900 ✪✪ *Bartolomé Masó Nº 354; e/ Hartmann y Pío Rosado; Tel. (0226) 23507.* La comida criolla no es buena, pero el patio de la mansión con su fuente cubierta de lirios y las dos terrazas de arriba donde sirven tragos adornados con flores la compensan con creces.

Tocororo ✪✪✪ *Avenida Manduley Nº 57 esq. 7; Vista Alegre; Tel. (0226) 43761.* En la medida que llega a Cuba la *cuisine nouvelle*; y una combinación de langostas y carnes conforman la especialidad (sin menú). El lugar es una villa de primera, con recintos individuales para comer (privados) con candelabros.

BARACOA

El Castillo ✪✪ *Calixto García; Loma del Paraíso; Tel. (021) 42103/42125/42147.* Un restaurante fascinante en este excelente hotel (ver página 138) que ofrece una variedad de deliciosos platos de arroz y pescado con cocos, así como los dulces locales, los cucuruchos.